중도·연기의 사상적 의미와 대승 중관 철학의 전개

지성불교의 철학

지성불교의 철학

중도·연기의 사상적 의미와 대승 중관 철학의 전개

초판 1쇄 ı 2014년 12월 3일
초판 2쇄 ı 2021년 3월 19일

지은이 ı 이태승
펴낸이 ı 오종욱

펴낸곳 ı 올리브그린
주소 ı 경기도 파주시 회동길 145, 아시아출판문화정보센터 201호
전화 ı 070 7574 8991
팩스 ı 0505 116 8991
E-mail ı olivegreen_p@naver.com

ISBN 978-89-98938-10-9 93220

값 18,000원

중도·연기의 사상적 의미와 대승 중관 철학의 전개

지성불교^의 철학

이태승 지음

지성불교!

　이 말은 필자가 오랫동안 가슴에 간직했던 말로 '종교로서의 불교의 성격 가운데는 인간의 지성적인 요소의 발로 즉 철학적 성격이 짙게 담겨있다'는 의미로서 필자가 붙인 말이다. 따라서 이 지성불교의 성격을 가지는 불교가 대승불교의 철학을 거쳐 본격적 그 체계가 정립된다는 의미로서 붙인 이름이 본서의 제목인 '지성불교의 철학'이다.

　먼저 본서의 의도에 대해 말해두고자 한다. 본서는 앞서 말한 바와 같이 필자가 지칭한 지성불교 즉 초기불교의 성격에는 인간의 정신상 중요한 기능을 지칭하는 지성의 역할이 그 창시자인 고타마 붓다에게서 극단적으로 발휘되었다는 역사적 의미를 고찰의 계기로 삼는다. 다시 말해 고타마 붓다에게서 드러나는 지성의 발로를 담고 있는 사상적 개념이 다름 아닌 중도와 연기의 개념으로서, 이 개념들이 가지는 의미와 그 역사적 경과를 인도불교의 역사 속에서 살펴보고자 하였던 것이다. 이 중도와 연기의 개념은 특히 대승불교의 흥기와 더불어 그 철학적 체계를 보다 완비해 가게 되는데 그것이 대승불교의 중요한 체계로서 초기의 반야사상과 나가르주나의 사상적 의미를 이어받는 중관철학이라 할 수 있다. 곧 초기불교에서 보이는 이러한 중도와 연기의 개념은 대승불교의 철학 체계의 핵심 개념으로서 더욱 세밀하게 고찰되어지며 또한 그러한 고찰의 전통은 샨타라크쉬타에게서 보듯 인도불교의 후기에 이르기까지 계속되고 있음을 보다 확실하게 드러내고자 하였다. 다시 말해 본서에서는 '지성불교=대승불교=보살불교=중관불교'의 개념적 동일성을 구체적으로 논증하고자 하였다고 말할 수 있다.

이러한 본서의 의도에 입각해 본서의 내용은 크게 세 부분으로 구성되어 있다. 먼저 제1장 지성불교의 정의, 제2장 지성불교의 성격, 제3장 지성불교의 역사적 전개는 초기불교에 나타나는 지성불교의 성격과 그 성격이 대승불교에 이르러 구체화되는 과정을 개설하였다. 즉 우리가 사용하는 지성의 의미에 대한 고찰과 그 지성적인 성격으로서 불교를 의미하는 지성불교의 성격을 초기불교 속에서 살펴보고 그러한 전통이 대승불교로 이어지는 것을 살펴보았다. 따라서 그러한 지성불교의 의미를 갖는 중도와 연기의 개념을 초기불교의 경전에 근거해 구체적으로 살펴보고 그러한 개념의 철학적 토대가 나가르주나에 의해 이루어지는 것을 기술하였다.

그리고 제4장에서 제8장까지는 초기불교 이래의 지성적인 의미가 대승불교에서 구체적으로 어떻게 드러나고 있는가를 역사적 경과 속에서 구체적으로 살펴보았다. 이 부분은 지성불교의 성격이 구체적으로 어떻게 구현되고 나타나고 있는가를 보다 실제적으로 살펴볼 수 있는 부분이기도 하다. 곧 대승불교의 실질적인 전승자로서 보살집단의 구체적인 실태 제4장 대승불교의 이해, 제5장 보살불교의 성격와 또 대승불교도들에 의해 만들어진 경전 속에서 그러한 개념이 어떻게 사용되고 있는가를 살펴보았다. 곧 초기대승불교경전으로 간주되는반야경전 가운데서도 동아시아에서 특히 중요시되는 《반야심경》 속에서 그러한 중도와 연기의 개념이 어떻게 나타나고 있는가를 구체적으로 고찰한 것이 제6장 범본 《반야심경》에 나타난 자성공의 의미이다. 여기에서 논한 자성공의 용어는 현장의 한역에는 나타나지 않는 말이지만 실제 범본에는 존재하는 말로 그 말이 갖는 사상적 의미를 분명하게 규명해 대승불교의 사상적 입장을 보다 확실히 하고자 하였다. 그리고 대승불교의 철학 속에서 중도와 연기의 개념은 대승불교의 아버지라 불리는 나가르주나의 사상 속에서 체계적으로 정립되어지는 까닭에 당연히 그의 주저인 《근본중송》의 내용에 대한 고찰이 이루어지고 제7장 《근본중송》에 나타나는 실체 개념의 비판, 아울러 그의 사상이 후대 샨타라크쉬타에게 전승되고 있음도 확인하였다 제8장 샨타라크쉬타의 중관철학. 이 중도와 연기의 개념은 《근본중송》에서도 볼 수 있듯 실체 개념에 대한 비판으로 이어져 불교 이외의 다른 철학파들에 대한 비판으로 이어지고 있는 것으로 이것은 불교의 진리성에 근거한 논쟁으로 오늘날에도 중요한 의미를 가지는 것이라 생각한다.

이러한 대승불교의 역사와 사상 속에서의 구체적인 모습을 근거로 하여 재삼 지성불교의 철학과 의미를 살펴본 것이 제9장^{지성불교의 철학}과 제10장^{지성불교와 대승보살}이다. 제9장에서는 대승불교의 중관철학에 의거해 중도와 연기의 개념이 더욱 체계화되고 심화된 내용에 근거해 지성불교의 철학의 구체적인 내용을 정리하였고, 제10장에서는 대승불교의 전승자로서 보살들에 의해 실천적으로 드러난 구체적인 행위를 살펴보았다. 제10장에서 살펴본 대승보살의 실천의 구체적인 내용은 지성불교의 철학에 근거한 윤리적인 삶의 실천적 행위로서 향후 지성불교의 의미를 현대적으로 되살렸을 때의 구체적인 모델이 될 수 있으리라 생각한다. 이렇게 본서는 크게 세 부분으로 나눌 수 있으며, 제1장, 제2장, 제3장, 제9장, 제10장은 지성불교의 구체적인 내용을 필자의 생각을 담아 책의 의도에 따라 쓴 것이다. 그것에 대해 제4장, 제5장, 제6장, 제7장, 제8장의 5장은 필자가 이전에 발표한 내용으로서 본서의 의도에 따라 수정 보완해 엮은 것이다. 각각의 출처는 각장에서 밝혔으며, 특히 제6장과 7장은 일본의 학회에서 일본어로 발표한 논문을 번역 보완한 것으로 지성불교의 전체적인 흐름을 해치지 않고 지성불교의 보다 구체적인 사실을 보여주는 내용이라 생각해 함께 묶은 것이다.

　　이와 같이 '지성불교'라는 개념을 전제로 필자가 본서를 엮는 과정에서 본서와 같이 '지성불교의 철학'이라는 제목이 정해지게 된 경과에 대해 언급하고 싶다. 필자는 본래 불교의 기본적인 성격이 논리적이고 철학적이라는 의미에서 지성불교라는 관점을 가지고 이러한 개념에 의거해 불교의 성격규명을 하고자하는 바램이 있었다. 실제 그러한 바램으로 지성불교의 성격규명을 시도한 것이 제1장으로, 이것을 쓴 것이 2011년 5월경이었다. 제1장을 쓴 이후 제3장까지는 쓰고자하는 열정으로 빠른 템포로 진행 되었지만, 이후의 경과는 쓰고 싶다는 뜻만 있었지 실제 진행은 거의 연례적으로 진행되었다. 제4장 이하 제8장의 내용에서 보듯 각장은 2010년 이후 발표한 논문에 의거 내용을 수정 보완한 것이지만, 대승불교의 보살승가와 철학 체계의를 반영해 실제 지성불교의 체계의 근간을 구성한다는 입장에서 고민하고 생각하며 발표했던 내용들이다. 특히 제8장 샨타라크쉬타의 중관철학은 2012년에 출간한 필자의 저서《샨타라크쉬타의 중관사상》에 근거해 간략히 정리하였지만, 필자가 생각하는 지성불교의 철학적 체계에 구체적인 뼈대를 제공하는 의미를 가지고 있었다. 이 제8장 이후 제9장과 제10장은 앞서 대승불교의 철학 체계의를 지성불교의 체계로 합치하는 의미로서 고민하여 쓴 것이며, 제10장 역시 대승불교의 보살 집단이 지성불교의 구체적인 실천자라는 관점에서 그들의 언행을 대승경전에서 찾아 밝혔던 것이다.

따라서 지성불교의 관점을 가지고 대승불교의 역사적 전개와 그 철학적 내용을 살펴본 것으로, 본래 필자는 본서의 제목을 '지성불교와 대승불교' 또는 '지성불교의 이념과 대승불교의 전개'라는 제목으로 생각하고 있었다. 그렇지만 본서에서도 확인 할 수 있듯 지성불교의 이념으로서 초기불교의 중도·연기의 개념은 대승불교의 반야·중관사상에서도 그대로 중요한 철학적 개념으로 사용되고 있고, 특히 나가르주나의《근본중송》은 중도와 연기의 개념에 근거하여 대승불교의 철학 체계의를 구성하였음을 알 수 있다. 곧 나가르주나는 중도와 연기의 개념과 반대되는 개념으로서 실체적 개념과 그러한 사고방식을《근본중송》전체에 걸쳐 상세하고 세밀하게 비판 고찰하고 있는 것이다. 그리고 그러한 실체의 개념에 대한 비판적 고찰은 이후 6백여년이 지나 등장한 샨타라크쉬타에게서도 그대로 재현되며, 그도 또한 중도와 연기의 개념을 대승불교 철학의 근간으로서 이해하고 있는 것을 확인할 수 있었다. 특히 샨타라크쉬타는 중도와 연기의 개념에 승의제와 세속제의 이제설의 관점을 결부시켜 중도와 연기의 개념을 인간의 정신적 내면적 과정에서 구체적으로 어떻게 이해되어야 하는가를 명확하게 밝히고 있다. 따라서 그러한 대승불교의 철학적 논의에 근거해 지성불교의 철학적 근거를 제시한 것이 본서로서, 곧 대승불교의 철학이 지성불교의 철학적 근거가 되었다는 의미에서 본서의 제목 또한 '지성불교의 철학'이라 이름붙이고 더불어 부제로서 '중도·연기의 사상적 의미와 대승중관철학의 전개'라는 제목을 붙인 것이다. 이렇게 본서가 의도하는 목적에는 대승불교의 보살교단의 구체적인 언행이 지성불교의 실천적 입장을 구현하는 구체적인 모습을 드러내고, 따라서 향후 지성불교의 사회적 실천의 귀감을 대승보살에서 구하고자 하는 의도를 가지게 되었음도 알리고 싶다.

　　이러한 본서의 의도와 내용에 의거해 필자 또한 그간 고민한 하나의 흔적을 세상에 드러내는데 있어 약간의 걱정과 안도의 느낌을 동시에 갖게 된다. 걱정의 마음은 불교라는 종교를 지성불교의 관점으로만 바라볼 때 느껴지는 불교의 다양한 사상적 전통과 문화적 전승 등에 대한 소홀이 지적되리라는 것에 대한 우려이다.불교의 다양한 관점에 대해서는 후기 참조 요망 그것은 당연하리라 생각하며 필자의 의도는 지성불교의 철학적 체계가 오늘날 불교의 사회윤리 도덕적 근거로서 작용하여 불교가 우리 사회에 빛과 소금의 역할을 구체적으로 할 수 있는 논리적 근거를 제공하였으면 하는 바램으로 이해해 주기를 기대하는 바이다. 이러한 바램은 필자가 느끼는 한편의 안도감으로서 오랫동안 숙원처럼 느껴지던 불교가 우리 사회에서 필요로 되는 논리적인 근거를 필자 나름 제시하였다는 느낌 또한 갖게 하는 것이다. 이러한 안도감은 물론 향후에도 더욱 진행시켜야 하기에 안도감에 머물 수는 없지만, 불교 철학의 구체적 사회적 당위성에 대한 근거가 전통과 문화에 의존하지 않고 논리적인 철학에 근거할 수 있다는 하나의 제시 또한 필자만의 의의가 아니라 관심있는 분들과 그 의미를 함께 나누고 싶기도 하다.

　　필자 나름의 의미를 갖는 본서가 이렇게 세상에 나오게 된데 한량

없는 기쁨을 느낀다. 필자가 그간 뜻을 가지고 써온 글과 논문을 수정해 모아 거의 완성에 이르렀을 때 혹 출간할 곳이 없지 않을까, 이런 책의 출간을 필요로 하는 곳이 있을까 하는 의구심을 강하게 느꼈던 것도 사실이다. 그렇지만 그러한 걱정을 일거에 없애준 후배 김미숙 선생님께 깊이 감사를 드린다. 책 출간과 관련된 모든 일에 대한 걱정을 없애주고 마무리에 더욱 매진 할 수 있게 해준 큰 배려에 크게 감사하며 앞으로도 더욱 건승을 기원하는 바이다. 끝으로 본서의 출간을 흔쾌히 받아들여 생각했던 것 이상으로 읽기 좋고 보기 좋은 책을 만들어준 올리브그린 오종욱 사장님께 감사를 드린다. 본서가 출판사의 발전에 도움이 되기를 바라며 아울러 출판사의 번영을 기원한다.

2021년 3월
위덕의 연구실에서 이태승 識

| 목차 |

제1장

지성불교의 정의

01

지성의 정의

먼저 '지성知性'이란 말이 지니는 의미부터 살펴보자. 지성이란 말은 구체적으로 '사물을 알고 생각하고 판단하는 능력' 또는 '감정과 의지에 대하여 모든 지적 작용에 관한 능력'《동아 새국어사전》1994년판이라는 사전적 정의에서와 같이, 사물을 알고 판단하는 지적 능력을 뜻한다. 지성이란 곧, 인간이 외계의 대상을 지각하는 인식의 일반적인 능력 가운데서도 '어떤 대상을 구체적으로 판단하고 구별하는 지적인 능력'을 가리키고 있다. 이렇게 사물을 판단하고 구분하는 능력으로서 지성의 의미는 철학 일반에서도 지성의 정의로 사용되고 있다. 지성이라는 말의 철학적 설명을 다음에서 보기로 하자.

지성, 知性, (영)intellect, (독)intellekt, (불)intellect, (라)intellectus. 지적작용에 관한 성능. 지각을 바탕으로 하여 인식을 형성하는 정신적인 여러 기능으로 비교·추상·분석·개념구성·판단·추론 등의 총칭. 한편 인간의 정신을 지·정·의의 세 능력으로 구분하여 고찰하는 입장에서는 감정 의지에 대립되는 일체의 지적작용 즉 감각·직관·오성 등을 의미하나, 정신·오성·이성을 의미하는 경우도 있으며, 특히 감각에 의해서 주어진 인식의 소재

를 가공 종합하여 인식을 형성하는 활동을 가리킨다.《세계철학대사전》, 교육
출판공사, 1980

이 설명에 의하면 지성이란 지각을 통한 인식능력 가운데 비교·추
상·분석·개념구성·판단·추론 등을 성립시키는 총체적 능력을 지칭한다. 여
기서 지성은 지각을 통한 인식능력 일반의 의미도 갖지만, 특히 판단이나
추론 등을 동반하는 구체적인 인식능력을 지칭한다. 이렇듯 철학적인 개
념에서의 지성은 인간의 인식능력 가운데 옳고 그름을 판단하는 구체적
능력을 지칭하는 것임은 분명한 것으로 보인다. 이러한 입장은 철학적 용
어로서 지성의 개념에 대한 설명에서도 잘 나타나고 있다.

우리는 우리 인간의 여러 의식 활동 가운데 논리적 기능을 지성 혹은 이
성이라 불러 감성, 감정, 상상력, 의지 등과 구별한다.백종현, 《철학의 개념과 주
요 문제》, 철학과 현실사, 2008, p.85

인식은 의식작용이고 의식은 어떤 사태에 대해서 그것이 어떠하다는 견
해를 가짐으로써, 곧 판단함으로써 인식을 얻는다. 이때 그 인식이 객관
적으로 타당하면 참이고, 그렇지 못하면 거짓이다. 이런 인식작용에서 판
단하는 기능을 우리는 지성이라 부른다.상동, p.211

개념을 만드는 데 필요한 자료들은 감성, 감각적 경험을 통해 주어지기도
하고 상상력에 의해 제공되기도 한다. 다양한 자료들이 주어지면 지성은
이것들을 비교하고 추상하여 개념을 얻는다. 이런 점에서 지성은 '개념의

능력'이라고 불릴 수 있다. 그러나 지성은 또한 '판단의 능력'이기도 하다. 판단은 어떤 개념으로부터 다른 어떤 개념을 분해해 내거나 어떤 개념에다가 다른 어떤 개념을 결합시키는 방식으로 수행된다.상동

이렇게 외계의 대상을 판단하고 분별하여 옳고 그름의 판단을 내리는 능력이 인식능력으로서 지성의 역할에 해당한다고 할 수 있다. 따라서 일반적으로 우리가 지성이라는 말을 사용할 때는 정확한 판단을 내릴수 있는 능력, 그럼으로써 신뢰를 획득하게 하는 인간의 중요한 인식능력이라는 의미가 전제되어 있는 것이다. 이와 같이 인간의 중요한 지적 능력을 가리키는 지성이라는 말은 우리가 일반적으로 사용하는 어휘 가운데서도 상당히 의미 있고, 품격 있게 사용되고 있다. 우리들이 보통 '지성인' 혹은 '지성적이다' 등의 표현에서 '지성'이라는 말을 쓸 때는 "깊은 사유와 사색을 바탕으로 타인에게 신뢰와 믿음을 받는다."는 의미로 이해하고 받아들인다. 이러한 지성의 역할을 통해 올바른 행동과 실천으로 사회적 신뢰와 공감을 얻고, 중요한 역할을 하는 사람을 지성인이라 부르는 것은 당연한 이치라고 할 수 있다. 그렇기 때문에 '지성'이라는 말은 인류사회에서 큰 족적을 남긴 인물들을 수식修飾하는 말로 사용되기도 한다.

필자는 이렇게 중요한 의미를 갖는 '지성'이라는 말을 인류의 종교문화 가운데 불교에 붙여 사용하고자 한다. 여기에서 필자는 '지성'과 '불교'라는 두 단어를 합쳐 '지성불교'라는 새로운 용어를 만들었는지에 대한 배경과 의미를 밝혀 '지성불교'라는 용어의 의미를 분명히 하고자 한다. 필자가 '지성불교'라는 말을 쓰려고 하는 가장 큰 배경에는 종교철학으로서 불교가 갖는 특징 중 상당 부분이 개조開祖 고타마 붓다의 지성을 여실히

보여주고 있다고 생각하기 때문이다. 곧 다양한 종교적 환경 가운데 뚜렷한 판단 능력으로서 지성의 능력이 고타마 붓다에게서 만큼 크게 고양된 적이 없었다고 생각될 정도로 붓다는 당시 종교들에 대한 다양한 판단과 구별에 대한 분명한 입장을 보여주고 있다. 따라서 붓다의 어떠한 입장이 '지성불교'의 근거가 될 수 있는지 다음에서 살펴보고자 한다.

02

지성과 불교적 입장

인간의 다양한 정신적 능력 가운데 지성이라 불리는 능력의 역할은 판단하고, 추리하고, 옳고 그름을 결정하는 역할을 담당한다. 이러한 능력은 외계의 대상을 지각하고 인식하는 능력으로서 철학적 개념으로 사용되는 감성感性이나 오성悟性 또는 통각統覺 등의 능력과 비교하면 좀 더 분명히 구분된다. 일반적으로 감성은 외계의 자극으로부터 생겨나는 지각을 위한 감수성을 가리키고, 오성이란 인식을 가능케 하는 근본적인 능력을, 통각이란 대상을 통일적으로 파악하는 능력 등의 의미로 쓰여 지성의 능력과는 구분된다. 다시 말하면, 다양한 인간의 정신적 능력 가운데 무엇인가를 판단하여 어떠한 결정을 내리고자 하는 경우, 우리들은 그러한 판단과 결정에 필요로 되는 다양한 정보나 지식을 총체적으로 종합, 정리, 분석하여 그러한 결정에 이르게 된다는 뜻이다. 따라서 그러한 지식이나 정보를 분석, 정리 내지 결정에 이르게 하는 인간의 능력을 지성이라고 하는 것이다. 이러한 인간의 능력으로서 지성의 작용은 불교의 교리를 이해하는 데도 중요한 역할을 한다. 왜냐하면 고타마 붓다의 철학 정신을 보여주는 초기의 불교경전에는 당시 성행했던 다양한 철학 사상들에 대한 분명한 판단과 비판을 보여주는 가르침이 상당수 나타나기 때문이다. 이러한 가르침 가운데 고타마 붓다의 지성을 극명히 보여주는 핵심적인 용어가 중도中道이며, 이 말은 불교의 기본 입장을 잘 드러내 당시의 다양한 종교 사상에 대한 불교적 입장을 분명히 하는 중요한 가르침으로 간주되고 있다.

      불교는 기원전 5세기 인도에서 태어난 카필라국의 왕자 고타마 싯다르타Gotama Siddhārtha가 후에 출가하여 깨달음 즉 정각正覺을 성취하여 그것을 바탕으로 생겨난 종교이다. 싯다르타 태자는 29세에 출가하여 35세에 정각을 이룰 때까지 6년 동안 엄격한 수행기간을 가지며, 그 수행도 일반적으로는 당시의 유행에 따라 고행苦行을 행하였고 후에는 선정禪定의 방식을 통해 정각을 얻게 된다. 정각을 얻은 뒤의 이름이 붓다Buddha 즉 부처님으로 불리게 되지만, 부처님이 고행 수련하던 당시에는 다양한 수행자들이 존재하였다. 부처님의 생전의 기록을 담은 불교경전의 내용에 의하면 부처님 당시에도 이미 다양한 종교적 지도자가 있었던 것을 알 수 있다. 일반적으로 62견見, 362견 등으로 불리어 다양한 견해를 가진 사람들이 있었던 것을 알 수 있고 또한 실제 많은 제자들을 거느린 종교지도자들도 있었다. 이들 종교지도자들을 달리 말하여 사문沙門이라고도 부르지만, 당시 많은 제자들을 거느리고 사회적 영향력이 컸던 사문들로서 초기의 불교경전인 《아함경阿含經》에서는 육사외도六師外道를 들고 있다. 오늘날에도 존속하고 있는 인도의 자이나교Jainism도 이 육사외도 가운데 하나인 니간타 나타풋타Nigantha Nātaputta에 의해 창시된 종교이다. 불교의 입장에서 달리 불러 외도라 칭하지만, 이들 육사외도는 당시 많은 사람들에게 영향력을 끼쳤던 것을 알 수 있다. 그것은 부처님 제자 가운데 첫손으로 꼽히는 사리불舍利弗과 목련目連이 불교에 입문하기 전 육사외도 가운데 산자야Sañjaya의 제자였던 것에서도 알 수 있다. 이들 육사외도의 가르침은 일반적으로 유물론, 회의론, 도덕부정론, 윤리부정론, 극단적인 고행론 등으로 표현할 수 있지만, 이들이 왜 이러한 입장을 취했는가는 실제 부처님 출가 당시 인도의 전통사상으로서 베다나 우파니샤드의 철학적 전통을 이해하여야 그 의미가 분명히 드러난다.

　　인도에서는 불교가 흥기하기 이전에 바라문교婆羅門教라 불리는 전통 종교가 중요한 종교문화를 형성하고 있었다. 바라문교라는 말은 당시 인도의 소위 4성 계급이라 불리는 사회계급 가운데 성직자 계급인 브라만Brāhmaṇa, 婆羅門으로 한역, 즉 바라문이 최상위의 계급으로서 사회 전반에 강한 종교적 영향을 끼치고 있었던 까닭에 그와 같이 불렸던 것이다. 이들 바라문은 오래된 전통의 종교문헌인 베다Veda를 전승유지하고, 그 베다에 나타나는 다양한 종교문화를 구현하는 책임과 역할을 담당하였다. 이 바라문들에 의해 구현된 종교문화가 바라문교라 불리며, 이 바라문교가 먼 훗날 인도의 전통 종교인 힌두교Hinduism로 정착하게 되는 것이다. 이 바라문교의 핵심이 되는 종교문헌은 베다이며, 이 베다 가운데 철학적 정수로 간주되는 것이 베단타, 즉 베다의 핵심이라 불리는 우파니샤드Upaniṣad이다. 인도 종교문화의 근거로서 베다는 오랜 세월동안 유지 전승되면서 새로운 철학적 사고를 집대성한 결과 우파니샤드를 창출했다. 이 우파니샤드에 나타나는 철학 정신은 전통적인 베다종교의 철학적 정수로 간주된 것은 물론, 고타마 붓다 재세 당시 육사외도를 포함한 많은 종교 사상가들에게 철학적 논점의 핵심개념을 제공하였던 것이다. 궁극적 존재에 대한 탐구 결과, 우주의 근원으로서 브라흐만Brahman이나 인간 내면의 본질로서 아트만Ātman, 自我의 개념에 대한 논의, 그리고 윤회와 해탈,

업 등의 개념이 우파니샤드에서 이미 상세하게 논의되고 있었다. 이렇게 논의된 다양한 개념 가운데 특히 후대에 강한 영향을 준 것이 아트만의 개념으로, 이것은 고타마 붓다를 비롯해 당시 많은 종교 사상가들이 분명하게 자신의 입장을 밝혀야 할 중요한 개념으로 자리매김하게 된다. 인도에서는 이처럼 불교가 생겨날 무렵 베다나 우파니샤드를 바탕으로 한 전통 종교철학이 형성되어 있었고, 이러한 전통 종교에 대해 어떤 입장을 취할 것인가 하는 문제는 당시 새롭게 흥기興起한 종교 사상가들에게 있어 중요한 과제가 되었다.

　　불교의 일반적인 입장을 필자가 '지성'이라는 인간의 능력과 결부시키는 것도 불교가 흥기할 당시 고타마 붓다가 이렇게 전통 종교로서 바라문교나 또 육사외도와 같은 강한 유물론 내지 도덕부정론의 입장을 모두 전제한 상황 속에서 그가 취한 입장이 종교문화에 대해 인간의 지성적인 모습을 보여주고 있다고 생각하기 때문이다. 각종 종교철학이 다양하게 전개되는 가운데 불교가 흥기했기 때문에 고타마 붓다는 당시의 갖가지 사상들에 대해 분명한 판단과 분석을 해야 하는 상황 속에 있었던 것이다. 이러한 판단과 분석에 근거해 불교만의 독자적 입장을 가장 잘 나타내고 있는 용어가 바로 '중도'이다. 이 '중도'의 개념 속에는 당시 성행하였던 다양한 철학적 개념들에 대해 불교적으로 수용, 정리한 뚜렷한 사고방식이 담겨 있다. 중도의 개념은 또, 불교의 오랜 역사 속에서도 불교의 방향을 가늠하는 지침으로 작용하여 불교의 지성적 입장을 보여주는 중요한 잣대로 그 역할을 해왔다.

불교적 지성

불교는 다양한 종교문화 간의 접촉과 충돌 속에서 출발했다. 당시엔 바라문교가 기성旣成 종교문화로서 인도 사회에 뿌리 깊게 정착되어 있었으며, 그러한 전통 종교에 의문과 회의를 가진 새로운 종교 사상가가 등장하였다. 불교의 개조 고타마 붓다는 바라문교에서 주장하는 많은 교리들에 대해 비판적 입장을 취해 기존의 종교문화에 대해 반기를 들었다. 그렇지만 붓다는 많은 새로운 종교 사상가들과 같이 유물론이나 회의론, 도덕부정론 등과 같은 부정 일변도의 입장도 취하지 않았다. 붓다는 이렇게 기존의 입장이나 새로운 입장과도 다른 자신만의 독자적인 입장을 '중도'라는 말로 표현하였다. 이 중도라는 말 속에는 기존의 바라문교에서 주장하는 견해는 물론, 새롭게 등장한 종교 사상가의 견해를 총체적으로 아울러 자신만의 독특한 입장을 제시하고자 하는 불교의 근본 성격이 담겨져 있다. 따라서 초기불전에서 고타마 붓다의 말로서 전해지는 중도에 대한 표현에는 당시 바라문교나 육사외도와 같은 새로운 사상가의 견해가 함께 나타나고 있다. 물론 중도를 내세우는 불교의 입장에서는 이들의 견해를 극단적인 견해로 비판하고 있지만, 이러한 비판은 붓다가 당시의 견해들을 상세하게 이해하고 있었기 때문에 가능했다. 그러한 중도의 개념으로 구체적으로 나타나는 것이 유무중도有無中道, 단상중도斷常中道, 일이중도一異中道, 고락중도苦樂中道와 같은 개념들이다. 다음에서 이들 중도의 개념에 대해 하나하나 살펴보자.

붓다는 자신의 언행과 가르침을 담은 초기의 《아함경》에서 '양극단을 떠난다'는 의미로서 중도라는 말을 사용하며, 특히 그 중도가 당시의 모든 종교철학적 가르침을 논파하는 의미로 사용하는 대표적인 예로 '유무중도有無中道'라는 말을 사용하고 있다. 여기에서 거론되는 유有와 무無는 베다성전에서도 이미 우주의 시원始原을 지칭하는 말로 사용되었던 것으로, 붓다의 시기에 이르러서도 우주의 근원과 세계의 원리를 지칭하는 의미로 사용되고 있다. 우리 인간을 둘러싼 세계의 존재에 대하여 전통적인 바라문교는 우주는 절대자인 브라흐만이 생성한 세계인 것은 물론, 그 브라흐만은 영원히 변하지 않고 존재하는 유적有的인 존재라고 설하였던 것이다. 그렇지만 그러한 영원한 존재를 인정치 않고 모든 존재는 단지 소멸하는 무적無的 존재라고 주장하는 종교 사상가도 등장하여 우주의 근원과 세계의 존재에 대해 다양한 논의가 이루어지고 있었던 것이다. 이러한 유와 무의 존재에 관한 논의에 대해 고타마 붓다는 "세간에는 두 가지의 의지처가 있으니 혹은 유이며 혹은 무이다."라고 말하며, 이것에 대해 바른 소견[正見]을 일으켜야 한다고 다음과 같이 말하고 있다.

세간의 모임을 참되게 바르게 알고 보면, 혹은 세간이 없다고 하는 사람은 있을 수 없을 것이요, 세간의 멸함을 참되게 알고 보면 혹은 세간이 있다고 하는 사람은 있을 수 없을 것이다. 이것을 두 극단을 떠나 중도를 말하는 것이라고 하나니, 이른바 "이것이 있기 때문에 저것이 있고, 이것이

일어나기 때문에 저것이 일어난다."는 것이다.《잡아함》12권, No.301 〈가전연경
迦旃延經〉

　　곧 세간의 존재가 영원하다고 주장하는 견해나 또는 모든 것은 소
멸한다고 주장하는 견해는 모두 극단적이기 때문에 이로부터 벗어나야
한다는 것이 중도의 입장으로, 여기에는 양극단을 떠나 가장 바른 길을 드
러낸다는 불교적인 입장이 드러나 있다. 곧 중도라는 말에는 무엇이 극단
적인 견해로서 비판되어야 하는가에 대한 붓다의 철저하고 분명한 판단
인식이 전제되어 있는 것이다. 그리고 여기에 제시된 중도의 입장은 팔정
도八正道 가운데 하나인 정견正見의 입장과 동일한 것으로 나타내고 있으
며, 그리고 보다 구체적으로 이 중도를 연기緣起에 근거하는 입장으로 표
현하고 있다. 곧 인용문에 나타나는 "이것이 있기 때문에 저것이 있고 이
것이 일어나기 때문에 저것이 일어난다."라고 하는 것은 고타마 붓다가 연
기를 표현하는 기본방식인 까닭에, 중도의 원리는 연기임을 나타내 보이
고 있는 것이다. 다시 말해 '양극단을 떠난다'는 중도의 가르침에는 '모든
것이 서로 관계하여 생겨난다'는 연기의 입장이 전제되어 있는 것으로, 이
것은 연기적인 원칙에 의거한 삶의 방식이 중도의 길임을 밝힌 것이다. 따
라서 유와 무의 극단적인 주장을 떠나는 중도의 입장으로서 유무중도란
당시 인도 사회 바라문교의 전통적인 입장과 육사외도 등에서 보이는 유
물론이나 회의론 등과 같은 사상적 입장과 다르다는 의미로서, 곧 이 유무
중도에는 당시 다양한 종교적 입장을 전제로 한 불교적 입장이 담겨져 있
는 것이다.
　　이 불교의 중도적 입장은 당시 종교철학에서 가장 중요한 논쟁의

대상으로 간주되고 있던 아트만의 개념에 대해서도 그대로 나타난다. 붓다는 다음과 같이 말하고 있다.

> 내가 만일 아가 있다고 대답한다면 그가 가진 삿된 소견을 더하게 할 것이요, 만일 내가 아는 없다고 대답한다면 그가 가진 의혹을 더욱 더하지 않겠느냐. 본래부터 아가 있었는데 지금부터 끊겼다고 말하여야 하는가. 만일 본래부터 아가 있었다고 한다면 그것은 곧 상견이요, 지금부터 끊겼다고 한다면 그것은 곧 단견인 것이다. 여래는 그 두 극단을 떠나 중도에 서서 설법한다. 이른바 "이것이 있기 때문에 저것이 있고 이것이 일어나기 때문에 저것이 생긴다."라고. 《잡아함경》 34권, No.961 〈유아경 有我經〉

여기에서는 영원히 지속한다는 항상恒常과 단절되어 없다고 하는 단멸斷滅의 양 극단에서 벗어난다는 단상중도斷常中道의 의미가 나타나고 있는 곳으로, 붓다 당시 중요한 논의의 핵심 개념인 아트만 즉 자아의 유무에 대한 불교의 입장을 나타낸 것이다. 곧 붓다는 아트만이 항상 있다고 하는 것과 단절되어 없다고 하는 것에 대한 문제점을 지적하여 그러한 극단에서 벗어나는 것이 중도의 입장임을 밝히고 있다. 이러한 아트만의 단상에 대한 논의 역시 당시 사상계에서 핵심적인 쟁점으로 간주되었던 것으로, 붓다는 이것을 극단적인 견해로 비판하고 스스로의 입장을 중도로 표현하였던 것이다. 그리고 여기에서의 중도란 개념도 구체적으로는 존재하는 것들이 서로 조건 지워져 있다고 하는 연기의 도리에 의거하고 있음을 보이며 따라서 중도란 연기의 원칙에 의거한 판단과 사유에 의거한 철학적 개념임을 밝히고 있다.

이러한 철학적 의미를 지니는 중도의 개념은 동일한가 다른가의 문제에서도 그대로 나타난다. 그 대표적인 예가 신체와 목숨의 일이一異에 대한 문제로서, 이것은 초기불교에서 중요한 불교의 입장으로 간주된 무기설無記說과도 밀접하게 관련돼 있다. 무기설이란 끝없는 논쟁을 유발시키는 무의미한 논의라는 의미에서 붓다가 대답을 하지 않은 것을 말하는 것으로, 그 중의 하나가 우리 몸Kāya과 목숨Jīva의 관계에 대한 문제였다. 곧 목숨과 신체가 같은 것인가 다른 것인가에 대한 논의가 제기되고 그것들에 대한 다양한 답변이 제시되었던 것이다. 붓다는 이 문제에 대해서도 중도의 입장으로서 다음과 같이 말하고 있다.

> 어떤 것을 대공법경이라 하는가? 이른바 "이것이 있기 때문에 저것이 있고, 이것이 일어나기 때문에 저것이 일어난다."는 것이니, 즉 무명을 인연하여 지어감이 있고, 지어감을 인연하여 의식이 있으며,……내지 순수한 큰 괴로움의 무더기가 모이느니라.……만일 "목숨은 곧 몸이다."고 말한다면 저 범행자는 있을 수 없을 것이요, "목숨은 다르고 몸은 다르다."고 말한다면 범행자는 또 있을 수 없을 것이다. 이 두 극단에 대하여 마음이 따르지 않는 것이 바르게 중도로 향하는 것이다.《잡아함경》 12권, No.297〈대공법경大空法經〉

여기에서는 제기된 신체와 목숨의 관계 문제는 같은 것인가 다른 것인가의 어느 한 쪽에 대한 답을 요구하는 것이지만, 붓다는 중도의 입장으로서 이것도 연기적인 관계임을 밝히고 있다. 곧 붓다는 일이중도一異中道의 입장을 밝히며, 이러한 논의도 앞에서와 동일하게 "이것이 있는 까닭에 저것이 있고, 이것이 일어나기 때문에 저것이 일어난다."는 연기의 원칙에 따르는 것이라 말하고 있다. 곧 연기의 원칙에 의거한 중도의 입장에서 몸과 목숨은 개별적으로 같거나 다르다고 구별할 수 없고, 끊임없는 연기 관계 속에 있음을 보이고 있는 것이다. 이와 같이 중도의 개념은 모든 것이 관계되어 있다는 연기의 원칙과 긴밀하게 관련되어 있는 것을 알 수 있다.

그리고 중도의 입장은 앞에서 살펴본 바와 같이 팔정도의 정견으로도 표현되지만, 또 달리 팔정도의 전체와 관련하여 여덟 가지 바른 길[八正道]의 실천이라고도 말하고 있다. 붓다는 수행자들은 고행과 쾌락의 극단적인 행위를 떠나 중도를 실천할 것을 강조한다. 그리고 팔정도를 실천하는 것이야 말로 중도를 실천하는 것이라고 다음과 같이 말하고 있다.

도를 닦는 모든 사람으로 배워서는 안 될 두 가지 치우친 행이 있으니, 1은 욕심과 향락의 하천한 행위로서 범인의 행에 집착하는 것이오, 2는 스스로 번거로워하고 스스로 괴로워하여 성현의 법이 아닌 것으로서 도리에 맞지 않는 일이다. 5비구여, 이 두 가지 치우친 행을 버리고 중도를 취하면 밝음을 이루고 지혜를 이루며 정을 성취하여 자재를 얻고 지혜로 나아가고 깨달음으로 나아가고 열반으로 나가게 된다. 그 중도란 이른바 8정도이니 바른 소견 내지 바른 정으로서 이것을 여덟이라 한다.《중아함경》56권, No.204 〈라마경羅摩經〉

여기에서 말하는 중도란 즐거움에 빠지는 쾌락快樂의 행위나 스스로를 힘들게 하는 고통苦痛의 행위의 두 입장을 모두 떠난다는 의미에서 고락중도苦樂中道를 나타낸다. 이러한 고락의 양극단을 떠나는 것이 중도의 의미이며, 이 중도는 구체적으로 8정도의 실천을 의미한다. 그리고 초기불전에서는 고苦 즉 괴로움이 생기는 원인과 관련해 괴로움이 스스로를 원인으로 하여 생기는 것인가 아니면 다른 것을 원인으로 생기는가 또 양자를 원인으로 또 원인 없이 생겨나는가에 논의가 나타나고 있다.《잡아함경》 12권, No.302 〈아지라경阿支羅經〉 이 논의는 후대 나가르주나의 《근본중송》에서 볼 수 있는 일종의 4구논법이지만, 초기불전에서는 이 4구를 떠나 중도를 설하고 있다. 이것도 중도와 관련해서는 일반적으로 자작타작중도自作他作中道로 표현되는 것으로, 중도의 교설의 한 형태로서 간주되고 있다.이중표, 《근본불교》, 민족사, pp.71-76

　　이렇듯 불교에서의 중도의 실천은 유무중도, 단상중도, 일이중도, 고락중도, 자작타작중도 등으로 표현되고 있으며, 여기에서 떠나야할 양극단의 개념에는 당시 유행하였던 다양한 사상적 입장이 담겨있다. 곧 붓다는 당시에 유행하고 있던 다양한 사상적 입장을 비판적으로 고찰, 분석하고 불교의 본령인 중도의 입장에 근거해 정리, 수용하였던 것이다. 이러한 의미에서 중도의 가르침은 고타마 붓다가 당시의 사상을 폭넓게 판단하고 정리한 지적 능력의 발현을 보인 것으로서 간주할 수 있다. 그리고 이 중도의 개념에는 고타마 붓다의 독특한 가르침으로서 연기의 이치와 그에 입각한 사상적 입장이 담겨져 있다. 이것은 다시 말해 모든 것이 서로 조건 지워져 있다는 연기에 대한 분명한 인식을 바탕으로 불교적 지성은 전개되고 있는 것을 의미한다.

　　　　　　　　　　　　　　　　　　지성불교의 정의

지성불교란

불교는 그 출발 당시부터 다양한 종교 철학 사상을 전제로 하여 철학 체계의를 수립하였다. 불교의 개조 고타마 붓다는 기존의 여러 철학 사상에 대한 철저한 분석과 이해를 바탕으로 독자적인 입장을 구축하였고, 그러한 입장은 중도라는 표현으로 잘 나타나고 있다. 중도라는 말은 양 극단을 떠난다는 의미로 양극단에 해당되는 견해에 대한 비판적 고찰의 의미가 담겨있다. 세간이 영원히 존재한다든가 소멸하는 존재라고 하는 유무의 극단을 떠나는 유무중도, 자아가 영원히 있다든가 없다고 하는 단상중도, 목숨과 몸이 같다든가 다르다는 극단의 견해를 떠나는 일이중도, 고통과 쾌락이라는 어느 쪽에도 치우치지 않는 고락중도 등과 같이 갖가지의 극단적인 입장을 떠나는 것을 중도의 입장으로 표현하고 있다. 이러한 중도의 입장은 연기적 사유에 의거한 관점으로, 불교는 중도의 입장으로서 연기적인 사유방식을 본령으로 하고 있음을 알 수 있다.

인간이 지닌 지성의 능력은 다양한 현상에 대한 판단의 능력을 가리킨다. 이러한 지성의 힘은 기존의 현상에 대한 문제점과 과오에 대한 분명한 이해를 확실하게 아는 능력을 가리킨다. 그와 같이 불교가 기본적으로 내세우는 중도의 입장은 고타마 붓다의 지성의 힘에 의한 기존의 사상

체계에 대한 분명한 판단력을 전제로 하고 있었던 것이다. 곧 성행하던 다양한 철학 사상 속에 자신의 입장을 분명히 제시하고자 하는 노력 속에 기존의 사상체계를 분석, 비판하고 중도라는 입장으로 판단, 정리한 것이다. 따라서 이러한 중도의 논리에는 기존의 철학적 견해들에 대한 분석과 자신의 판단력을 전제로 한 지성의 역할이 전제된 것으로, 이러한 붓다의 지성적 입장에는 인류의 지성이 강하게 용솟음 친 중요한 사례로 간주하여도 무방하리라 생각한다.

필자는 중도의 개념에서 보여주는 붓다의 사상적 입장을 인류 지성의 드높은 발현이라 생각하며, 이것을 근거로 '지성불교知性佛敎'라는 말을 사용하고자 한다. 고타마 붓다가 보여준 강한 지성의 힘에 의거한 불교적 성격은 오랜 세월 인류의 수많은 종교 가운데 가장 철학적이고 합리적인 종교로서 전개하였다. 곧 이러한 지성적 불교의 성격은 붓다 사후에도 꾸준히 이어져 특히 대승불교의 흥기와 함께 불교적 지성은 더욱 강조되었다. 그것은 반야지혜를 강조하는 대승의 기본 입장에서 더욱 확인되고, 나아가 나가르주나Nāgārjuna 즉 용수龍樹가 보여준 당시 기존의 다양한 철학 사상들에 대한 비판에서 지성적인 불교의 입장은 더욱 분명히 드러나기 때문이다. 또한 그와 같은 지성적인 불교의 전통은 나가르주나 이후 8세기 샨타라크쉬타Śāntarakṣita에서도 볼 수 있듯 인도에서는 오랫동안 철학적 전통으로서 꾸준히 전개되고 있었음을 알 수 있다.

지성불교의 정의

제2장

지성불교의 성격

지성불교의 의미

  지성불교知性佛教란 종교로서 불교가 그 가르침상 인류의 지성을 여실히 드러내는 면이 강하다는 전제 아래 필자가 붙인 이름이다. 물론 지구상에 존재하는 많은 종교들이 그 창시자인 사람의 지성에 의거하지 않는 종교가 없을 것이지만, 불교의 성격상 많은 부분이 기존의 종교들과 상당히 다르기 때문에 감히 지성불교란 말을 쓰고자 한다. 그렇기에 지성불교란 말 속에는 불교의 흥기興起가 당시 다양한 종교문화 속에서 생겨나 지구상의 어떠한 종교와도 그 유형을 달리하는 독특한 인류 지성의 발현으로서의 종교라는 의미도 함께한다. 그러면 다른 종교들과 구별되는 독특한 불교적인 특성이란 무엇인가.

  먼저 첫째로 여타의 많은 종교와 차별되는 불교의 성격으로 가장 두드러진 것이 불교가 많은 사유思惟가 필요한 종교라는 것이다. 이는 곧 생각과 사색이 요구되는 종교라고 말할 수 있을 것이다. 이것은 지구상에 있는 많은 종교들이 절대자나 신을 상정해 사유보다는 믿음이나 신앙을 우선시하는 경우와 크게 대비된다. 불교의 개조 고타마 붓다는 자신의 가르침을 설한 뒤 제자들에게 전정사유專精思惟, 즉 그것에 대해 진지하게 사유할 것을 강조하고 있다. 단순히 그냥 믿고 따르라는 것이 아니라 잘 생각해 확신을 가질 수 있는가 없는가를 스스로 판단 결정하라는 것이다. 그렇기에 붓다의 가르침은 믿음을 전제하는 정언적定言的 명령이 아니라 분석적 이해와 합리적 판단을 요구하는 세밀한 가르침이 주를 이루고 있다. 예를 들어 무아설無我說의 가르침에 대한 많은 설법에서도 왜 무아일 수밖에 없는가에 대해 우리 인간의 다양한 신체기관, 감각기능 등에 대해 분석하고 정리하는 세밀한 관찰이 나타난다. 이러한 가르침에 의해 오온五蘊, 십이처十二處, 십팔계十八界 등의 현상분석과 함께 오온무아五蘊無我, 육입무아六入無我 등의 가르침이 전개된다. 물론 이러한 분석에 의거한 무아의 가르침은 불교의 본령인 고苦로부터의 해방을 위한 철저한 지적인 작업이라고 말할 수 있다. 그렇기에 초기불전에 나타나는 고타마 붓다의 가르침은 단순히 믿고 따르기에는 분석적이고 또한 깊은 사유가 따라야 하는 것은 말할 것도 없다.

둘째로 불교의 성격으로 두드러지는 것은 사유를 통한 실천, 수행의 성격이다. 이것은 달리 말하면 불교의 근본으로서 사유를 통한 정각正覺의 성취가 수행과 실천을 통해 모든 사람들에게 개방되어 있는 것을 말하는 것이기도 하다. 곧 모든 사람들이 붓다의 가르침을 이해하고 그대로 따른다면 붓다가 될 수 있다는 것으로, 붓다가 깨달은 경지는 일반 사람이 넘을 수 없는 벽이 아니라 모든 사람이 성취할 수 있는 개방된 경지인 것이다. 곧 붓다의 가르침을 사유하고 이해하여 그대로 수행 실천하면 붓다의 경지에 오를 수 있는 것이다. 여기에는 종교의 궁극적 목적을 달성하기 위한 조건이 모든 인간의 내면에 완비되어 있음을 보여주고 있다. 곧 궁극적 목적으로서 깨달음의 경계는 모든 인간에게 가능한 것으로, 이것은 달리 말하면 고타마 붓다가 드러낸 지성의 발로가 모든 인간에게 그대로 재현될 수 있다는 것을 의미한다. 사유와 실천을 통해 붓다가 보여준 궁극의 경지에 모든 사람들이 도달할 수 있다는 불교의 입장은 붓다가 드러낸 지성의 능력이 모든 사람들에게서도 가능하다는 메시지를 담고 있는 것이다. 물론 그러한 지성의 발로와 그 전개라는 불교적 입장에 있어서 믿음이 배제되는 것은 아니다. 믿음이란 충분한 사색을 전제로 더 강하게 되는 것이지만, 불교에서의 가르침은 먼저 믿음으로 들어가기에는 분석적이고 세밀한 가르침이 전제되어 있기에 사유와 사색이 필요한 것이다. 그리고 그러한 사유와 사색을 통해 확신이 생긴다면 그것은 더없이 확고한 믿음과 신앙의 길로 들어가게 될 것이다.

　　이렇게 불교의 근본 성격으로 이해할 수 있는 사유의 체계나 실천 수행의 체계는 기존의 많은 종교들과는 구분되는 독특한 차이를 나타낸다. 특히 사유의 체계로서 보이는 다양한 가르침에 대한 이해에는 많은 사색과 정신집중이 요구된다. 정확한 판단과 이해를 위해서는 깊은 정신집중이 필요하다는 말이다. 필자는 불교의 가르침을 이해하기 위해서는 정신집중과 사색이 전제되어야 한다는 이 점이야말로 기존의 많은 종교들과 구분되는 불교의 특징이라 생각한다. 이런 맥락에서 필자는 '지성'이라는 말을 사용해 '지성불교'라고 표현하는 것으로, 그러면 이렇게 지성적인 불교의 출발이 어떻게 이루어지고 가능하게 되었는지 불교의 가르침을 표현하는 중요개념에 따라 살펴기로 한다.

중도

　　불교가 사유를 필요로 하는 종교라고 하는 것은 고타마 붓다 당시 인도에서 성행하던 다양한 종교 사상들에 대한 충분한 음미와 이해가 붓다에 의해 이루어지고 있었던 것을 의미한다. 이러한 철학 사상들에 대한 이해를 보여주는 중요한 개념이 중도中道라는 말이다. 중도란 두 개의 양극단兩極端을 떠난다는 의미로서, 따라서 중도라는 말은 극단적인 견해가 아닌 올바른 길로서 정도正道라는 의미가 포함되어 있다. 곧 불교의 가르침은 극단적인 견해를 떠난 합리적이고 올바른 가르침이라는 말을 중도로 표현한 것이다.

　　이러한 중도의 표현으로 나타난 것이 제1장에서 살펴본 바와 같은 유무중도·단상중도·일이중도·고락중도 등과 같은 말이다. 여기에서 양극단을 지칭하는 유무有無 즉 있다는 것과 없다는 것, 단상斷常 즉 단절되어 있다는 것과 항상 있다는 것, 일이一異 즉 같은 것과 다른 것, 고락苦樂 즉 고통과 쾌락이라는 것 각각에는 당시 성행하였던 다양한 철학 사상의 의미가 함축적으로 담겨져 있다. 예를 들어 유무란 세상은 영원히 존재한다는 견해와 그렇지 않고 소멸하는 것이라는 견해, 단상이란 궁극적인 존재인 아트만과 같은 것이 단절 즉 소멸되어 없다는 것과 항상 존재하여 있다는 견해, 일이란 육체와 정신이 같다는 견해와 다르다는 견해, 고락이란 고행론과 쾌락론과 같은 극단적인 입장으로, 이러한 각각의 입장을 극단적인 것으로 간주해 불교는 그러한 극단의 입장을 떠나 중도의 입장을 취하고 있는 것이다. 그리고 여기에서 중도의 입장이란 구체적으로 연기緣起의 이치에 의거한 사상적 입장임을 밝히고 있다. 곧 불교는 다양한 철학적 견해에 대한 비판과 이해를 전제로 자신의 입장을 분명히 제시하고 있는 것이다. 그러면 여기서 중도로 표현된 가르침에 나타나는 극단적인 견해란 구체적으로 무엇을 가리키는가? 왜 이렇게 다양한 견해가 성행하게 되었는지 불교 흥기 당시의 철학적 상황에 대해 살펴보기로 한다.

불교가 흥기하던 기원전 5세기경 이미 인도에서는 4성 계급의 최상위인 바라문婆羅門 계급을 중심으로 하는 종교사회, 즉 바라문교의 문화가 형성되어 있었다. 여기에서 바라문교란 바라문의 종교성전인 베다Veda를 중심으로 전개된 철학 사상과 그것에 바탕을 둔 종교문화 체계를 가리킨다. 이 바라문교의 사상을 바탕으로 전개된 종교문화의 유형 가운데 대표적인 것으로 4성 계급과 인생 4주기週期의 실천 체계를 들 수 있다. 곧 계급적인 사회 문화로서 바라문, 크샤트리야, 바이샤, 슈드라의 4계급에 의한 체제 그리고 모든 인도인들의 삶의 체계로 간주하는 범행기梵行期, 가주기家住期, 임서기林棲期, 유행기遊行期의 4주기 체계가 그것이다.

4성 계급 가운데 바라문은 베다의 종교철학 전통을 계승하며 종교 의례 등을 행하던 계급으로 최상위의 계층을 형성하며, 크샤트리야 계급은 왕족과 귀족 계급을, 바이샤는 서민 계급을, 슈드라는 노예 계급을 지칭한다.

인생 4주기 가운데 범행기란 스승으로부터 교육을 받는 시기, 가

주기란 세속에 머물면서 사회적 의무를 다하는 시기, 임서기란 세속을 떠나는 준비기로 숲에 머무는 시기, 유행기란 완전히 세속을 떠나 유행하는 시기를 가리킨다.

　　이러한 사회 체계를 형성한 바라문의 종교문화는 인도 사회에 더욱 공고하게 뿌리를 내렸으며, 또 그와 함께 철학 사상도 더욱 발전되어 베다의 정수精髓에 해당되는 우파니샤드Upaniṣ도 등장하게 된다. 이 우파니샤드에 나타나는 궁극적인 존재인 브라흐만이나 아트만의 개념, 해탈이나 윤회, 업 등의 개념은 후대 인도 철학에 절대적인 영향을 끼쳐 바라문교가 인도 종교 사상에 있어 절대적인 우위를 가지는 계기를 만들었다. 그렇지만 그와 같이 베다나 우파니샤드에서 논의되는 다양한 개념들이 후대에 절대적으로 받아들여지지만은 않았다.

　　붓다가 활동하던 기원전 5세기에 이르러서는 전통적인 바라문교의 철학 체계의가 새로운 국면을 맞이하였다. 즉 다양하고 새로운 종교 사상가로서 사문沙門들이 출현해 기존의 바라문교에 내재된 종교 사상을 뿌리부터 흔들게 되는 상황이 전개되었다. 특히 이들 새로운 종교 사상가로서 당시 큰 영향력을 행사하였던 사람들이 불교경전에서 육사외도六師外道로 불린 사람들로서, 이들은 많은 인기를 누리고 상당수의 제자를 거느리고 있었다. 이 육사외도로 거명되는 사람이 푸라나 카삿파·파쿠타 캇차야나·막칼리 고살라·아지타 케사캄발라·산자야 벨라티풋타·니간타 나타풋타 등 6인이다. 이 가운데 초기불교의 승가僧伽에서 중요한 역할을 담당하던 사리불과 목련은 불교에 입문하기 전에는 육사외도 가운데 한 사람인 산자야의 제자였으며, 오늘날까지 인도에 존속하고 있는 자이나교도, 니간타 나타풋타가 만든 종교이다. 이들 육사외도는 기본적으로 바라문교에 반기를 든 종교 사상가들로서, 그들의 사상도 바라문교와 반대되는 입장에 있었던 것이다. 이들 육사외도의 사상을 간략히 표현하면 푸라나 카삿파는 도덕윤리부정론, 파쿠타 캇차야나는 7요소설 및 윤리부정론, 막칼리 고살라는 12요소설 및 도덕윤리부정론, 아지타 케사캄발라는 윤리도덕부정론, 산자야 벨라티풋타는 회의론, 니간타 나타풋타는 철저한 고행론 등을 주장하여 당시 전통적인 바라문교의 종교문화를 정면에서 비판하였다.필자,《인도 철학산책》, 정우서적, 2007, pp.58-60 참조

　　이렇게 기존의 바라문교와 새롭게 등장한 다양한 철학 사상들에 대하여 고타마 붓다는 양쪽에 걸쳐 그것들을 철저하게 분석하고 비판하여 자신의 입장을 분명히 해야 할 상황에 있었다. 따라서 이러한 비판적 입장을 바탕으로 한 자신의 입장을 '중도'라는 말로 표현하여 그것을 불교의 핵심적인 개념으로 삼게 된 것이다. 이러한 중도의 개념을 바탕으로 비판적으로 논파 정리된 당시의 견해들에 대해《잡아함경》14권의 〈범동경梵動經〉에서는 그 견해를 62종으로 분류하여 비판 정리하고 있다. 여기에서 거론되는 견해를 살펴보면 과거와 관련된 견해[本劫本見]가 18종, 사후의 미래와 관련된 견해[末劫末見] 44종이 나타난다. 이들 62종의 견해를 보면 다음과 같다.

　　A. 본겁본견本劫本見에 속하는 18종

　　(1) 자아와 세간이 영원히 존재한다는 입장과 관련된 4종의 견해[常論]
　　　⇨ 4종
　　(2) 자아와 세간은 반은 영원하고 반은 무상하다는 입장과 관련된 4종

　　　　　　　　　　　　　　　　　　　　　　　지성불교의 성격

의 견해[半常半無常論] ⇨ 4종

(3) 세간이 한계가 있다[有邊]·한계가 없다[無邊]·한계가 있기도 하고 없
기도 하고[有邊·無邊]·한계가 있는 것도 아니고 없는 것도 아니다[非有
邊非無邊]는 4종의 견해 ⇨ 4종

(4) 있다[有]·없다[無]·있기도 하고 없기도 하다[有無]·있는 것도 아니고
없는 것도 아니다[非有非無]와 관련된 4종의 견해 ⇨ 4종

(5) 세간은 본래 원인이 없다[無因]와 관련된 2종의 견해 ⇨ 2종

B. 말겁말견末劫末見에 속하는 44종

(1) 사후에 정신[영혼]이 있다는 입장[有想論]과 관련된 16종의 견해 ⇨
16종

(2) 사후에 정신[영혼]이 없다는 입장[無想論]과 관련된 8종의 견해 ⇨ 8
종

(3) 사후에 정신[영혼]이 있는 것도 아니고 없는 것도 아니라는 입장[非想
非非想]과 관련된 8종의 견해 ⇨ 8종

(4) 사후 일체가 모두 없어진다는 입장[斷滅論]과 관련된 7종의 견해 ⇨
7종

(5) 현재 열반은 얻어진다는 입장[泥洹論]과 관련된 5종의 견해 ⇨ 5종

여기에서 언급되는 일체의 견해는 당시 전통적인 바라문교와 새
로운 사상가들이 설한 모든 입장을 다 포괄하고 있는 것으로, 이들 견해에
대해 붓다는 앞에서 본 것처럼 중도의 입장에서 비판을 가한 것이다. 여기

에서 비판되는 입장들이 중도와 관련하여 유무·단상·일이 등의 개념에 모두 포함되어 있는 것을 알 수 있다. 그와 같이 고마타 붓다는 당시 논의되던 다양한 견해를 중도의 입장에서 비판 정리하였고, 또 이들 중도의 개념은 불교 가르침의 핵심으로서 연기의 개념과 상통하고 있는 것을 분명히 하였던 것이다.

지성불교의 성격

연기

불교의 핵심적인 가르침을 지칭하는 중도라는 말에는 불교 흥기 당시 성행하였던 다양한 견해들에 대한 비판 의식이 담겨있다. 그와 같이 성행하던 다양한 견해를 극단적인 것이라 비판하고 그러한 극단을 떠난다는 의미에서 중도라는 말을 사용한 것이다. 그리고 중도라는 개념 속에는 불교의 본령, 즉 근본적인 입장으로서 연기緣起, Pratītyasamutpāda의 가르침이 전제되어 있다. 다시 말해 불교는 연기의 원칙에 의거하여 그 가르침을 전개하고 있는 것이다. 연기란 말에서 연緣이란 그 원어가 pratītya로서, 이 말은 '~ 로 인하여', '~ 를 이유로 하여', '~ 를 조건으로 하여'란 뜻이기 때문에 연기는 '~ 를 조건으로 하여 결과가 일어난다'는 의미를 지닌다. 따라서 연기라는 말에는 반드시 조건이 되는 원인이나 이유가 있어 어떠한 결과를 가져온다는 의미가 담겨있다. 이 연기의 개념은 불교의 근본적인 입장을 담고 있는 것으로, 존재하는 모든 것들은 어떠한 원인이나 조건을 근거로 결과를 일으킨다는 뜻을 나타낸다.

불교의 가르침으로서 현실 관찰의 기본적 입장인 고苦에 대한 통찰을 담고 있는 고집멸도苦集滅道의 사제四諦에 있어서도 고집멸도의 각각은 결과와 원인의 조건적인 관계를 나타내고 있다. 즉 현실의 모습으로서 드러난 결과로서 고苦는 그 원인인 집集으로서 갈애渴愛에 의거하는 것이고, 고가 소멸된 결과의 의미로서 멸集의 경계도 그 원인으로서 도道, 즉 팔정도八正道의 꾸준한 실천으로 얻어지는 것이다. 이렇듯 원인과 결과의 관계에 대한 뚜렷한 인식이 연기의 개념으로 나타난 것으로, 이 연기의 개념을 초기경전에서는 다음과 같은 원칙으로 표현하고 있다.

> 이것이 있는 까닭에 저것이 있고, 이것이 생기는 까닭에 저것이 생긴다.[此有故彼有 此生故彼生]
> 이것이 없는 까닭에 저것이 없고, 이것이 소멸하는 까닭에 저것이 소멸한다.[此無故彼無 此滅故彼滅]

이 원칙에서 나타나듯 사물이 존재하는 것이나 없어지는 것有無, 그리고 생성하는 것이나 소멸하는 것生滅은 존재하는 것들의 상호관계에 의해 이루어지는 것이다. 곧 어떤 것이 존재한다는 것은 선행하는 조건을 전제로 생겨나며, 또 생겨난 존재는 그 자신이 조건이 되어 다른 것을 생기게 한다는 의미를 갖는다. 이렇게 하나의 존재가 선행하는 것의 결과이기도 하며 후에 발생하는 것의 원인이 된다는 의미에서 결과와 원인의 성격을 모두 갖고 있는 것이다. 이렇게 하나의 존재가 원인과 결과의 의미를 갖는 데 대하여 한국 불교학계에 큰 족적을 남긴 고익진 박사는 '상의상관성'이란 말로 표현하고 있다. 고 박사의 말을 보면 다음과 같다.고익진 지음, 《불교의 체계적 이해》, 새터, 1994

이런 견지에서 불교에서는 다시 존재와 존재 사이에는 어떤 관계가 있는

지성불교의 성격

가를 살펴보게 된다. 그럴 경우 우리는 존재와 존재 사이에는 상의상관성相依相關性, idam-pratyaya-tā이 있다는 것을 발견하게 된다. 인연화합에 의해 어떤 결과가 발생하게 되면 그 결과는 다시 그를 발생시킨 원인을 포함한 다른 모든 존재에 대하여 직접적인 또는 간접적인 영향을 미치는 것이다. 다시 말하면 그것은 단순히 결과로서만 머무는 것이 아니라 새로운 원인이 되고 연이 되어 다른 존재에 관계하게 된다는 말이다. 상의상관성이란 말은 바로 이러한 관계를 나타내는 술어이다.p.40

즉 '서로 관계한다'는 의미는 존재하는 개별적 존재로서의 사물은 그것에 선행하는 원인의 결과이기도 하지만 그 자체가 원인이 되어 결과를 발생시키기도 한다는 의미로서, 존재하는 사물은 원인과 결과의 요소를 모두 갖고 있다는 뜻이다. 이러한 연기의 의미에는 당연히 다른 것과 관계없이 독자적으로 존재하는 것에 대한 비판의 의미가 담겨있음은 물론이다. 그렇게 독자적으로 존재하는 것을 후에 대승불교의 철학에서는 실체라고 부르며, 나가르주나는 특히 이 연기의 원칙에 의거해 실체의 존재를 비판해 가고 있다. 이러한 연기의 기본 원리로서 상의상관하는 관계를 초기경전에서는 보다 구체적으로 현실의 고통에 대한 인과관계로서 인간의 심신세계心身世界와 관련해 밝히고 있는데 그것이 바로 12개의 법으로 표현되는 십이연기十二緣起이다. 이 12연기란 12개의 심신의 과정을 통해 현실의 고苦, 다시 말하면 늙고 죽음[老死]이 생겨나는 원리를 밝힌 것으로, 가장 근원적인 무명으로부터 노사老死가 생겨나는 이치를 보여주고 있다. 따라서 무명에서 노사까지의 구체적 명칭을 보면, 무명無明: 근원적 무지 ⇨ 행行: 작용능력 ⇨ 식識: 의식작용 ⇨ 명색名色: 심신일체 ⇨ 육입六入: 여섯 감각기관

⇨ 촉觸: 접촉작용 ⇨ 수受: 감수작용 ⇨ 애愛: 애욕 ⇨ 취取: 소유욕 ⇨ 유有: 생존일반 ⇨ 생生: 태어남 ⇨ 노사老死: 늙고 죽음의 과정으로 나타나고 있다.

이 무명에서 노사가 생겨나는 과정은 일반적으로 "무명에 연하여 행이 있고, 행에 연하여 식이 있고……생에 연하여 노사가 있다."라고 설명하며, 이러한 고의 발생 모습을 초기경전에서는 유전연기流轉緣起라 표현한다. 그리고 깨달음을 통해 진리에 눈을 뜬 사람에게는 무명이 사라지는 것으로, 그 사라지는 모습을 "무명이 소멸하면 행이 소멸하고, 행이 소멸하면 식이 소멸하고……생이 소멸하면 노사가 소멸한다."라고 하여, 이렇게 소멸되는 과정의 연기를 환멸연기還滅緣起라 표현한다. 이 유전연기와 환멸연기는 현실적인 고의 생성과 소멸의 관계를 12개의 심신작용의 관계로써 구체적으로 설명한 것으로, 이렇게 고의 생성과 소멸 즉 윤회와 해탈의 경계를 상세히 밝히는 12연기설은 고타마 붓다의 가르침 가운데 가장 핵심적인 것으로 간주된다.

이 12연기에 대하여 초기불전에서는 다양한 설명이 이루어지지만, 실제 이 12연기의 해석과 관련해서는 현재에도 많은 논란이 되고 있다. 불교학의 분야에서 많은 성과를 내고 있는 일본 불교학계에서도 이 12연기를 둘러싼 논쟁이 여러 차례 있었고, 특히 근대에 있어 연기설의 논쟁에 대해서는 필자가 이미 소개한 바 있다.〈일본 근대불교학의 공과〉, 이태승 역, 《인도철학》 제5호, 1995 그리고 이 일본 불교학계에서 연기의 개념이 최근까지 어떻게 구체적으로 어떻게 이해되고 해석되었는가에 대해서도 한국에 이미 그 내용이 소개된 바 있다.마츠모토 시로; 松本史朗, 〈연기에 대하여〉《연기와 공》, 혜원 역, 운주사, 1994

마츠모토 박사의 논문에 따르면, 12연기에 대한 구체적인 해석은

　　　　　　　　　　　　　　　　　　　　　　지성불교의 성격

지금도 일본의 학자들 사이에서 논란의 대상이 되고 있는 것을 알 수 있다. 여기서 마츠모토 박사 자신은 이 12연기를 종교적 시간의 입장에서 해석하여야 함을 강조하며, 그런 입장에 의거해 12연기를 공간적으로, 동시적으로, 논리적으로 해석하는 것을 비판하고 있다. 물론 그러한 12연기에 대한 해석의 차이는 불교역사상 대승불교 이전의 아비달마불교에서도 크게 논란이 되었던 것으로, 실제 연기 개념의 구체적인 이해는 오랜 세월 많은 불교인을 사색과 고민에 빠뜨렸던 문제이기도 했다. 이러한 의미에서 필자는 한국의 불교계에 많은 기여와 업적을 남긴 고익진 박사의 견해가 연기를 이해하는 데 많은 도움을 준다고 생각한다. 박사는 이 12연기와 관련된 연기의 진리에는 법칙성이 존재한다고 말한 뒤 보다 구체적으로 인과율·인연화합·상의상관성·법주법계의 의미를 제시하고 설명한 뒤 이 십이연기의 의미를 삶의 가치와 관련된 좀 더 현실적인 의미에서 파악해 다음과 같이 설명하고 있다.

> 이 십이연기설이 우리에게 보여주는 가장 핵심적인 뜻은 무엇일까? 모든 종교는 궁극적인 문제 다시 말하면 죽음의 문제, 삶의 가치 등에 관한 문제를 해결주는 데에 목적이 있음은 이미 언급한 바와 같다. 십이연기설은 우리에게 인간의 죽음은 진리에 대한 자신의 무지에서 연기한 것임을 뚜렷이 보여주고 있다.고익진, 앞의 책, p.47

곧 인간이 죽음에 대한 고의 의식을 갖는 것은 진리에 대한 무지 즉 무명에 기인하고 있는 것임을 12연기설은 분명히 드러내고 있는 것을 박사는 강조하고 있다. 물론 12연기설의 12지 각각이 우리의 심신현상을 가리키는 까닭에 그 각각의 작용이 어떠한 연관적인 구조를 갖는가에 대한 문제는 계속 논의되겠지만, 연기설의 기본적인 의미는 죽음 즉 삶의 고통에 해결점이 우리 내면의 진리에 대한 자각에 의거하고 있다는 점은 분명하게 알 수 있다. 이와 같이 고타마 붓다는 12연기의 내용을 통해 인과의 끊임없는 관계에 의거한 고통의 생성과 소멸에 대해 상세하게 밝히고 있다. 그렇다면 연기의 원칙 내지 이법이란 고타마 붓다가 새롭게 발견하고 만들어 낸 것인가? 고타마 붓다는 연기법을 인연법因緣法 내지 연생법緣生法이란 말로 표현한 뒤 다음과 같이 말하고 있다.

> 무엇이 인연법인가. 소위 이것이 있는 까닭에 그것이 있는 것으로, 말하자면 무명에 연하여 행이 있고, 행에 연하여 식이 있고, 내지 이와 같이 순수하고 큰 고苦의 쌓임이 있다. 무엇이 연생법인가. 말하자면 무명, 행 등의 것이다. [이것은] 부처가 세상에 나오거나 세상에 나오지 않거나 이 법은 상주하며, 이 법은 법계法界에 존재한다. 그 여래는 스스로 깨달아 알고 등정각等正覺을 이루었으며, 사람들을 위해 설하며, 나타내며, 드러내 보인다. 소위 무명에 연하여 행이 있고, 내지 생에 연하여 노사가 있다.……이들 제법은 법주法住요, 법공法空이요, 법여法如요, 법이法爾며, 법과 여如가 떠나있지 않고, 법과 여가 다르지 않은 것이다.《잡아함경》권12, No.296 〈인연경因緣經〉

이와 같이 12연기의 법을 인연법, 연생법으로 부르며, 그리고 이렇게 12연기로 구성된 제법은 부처님이 세상에 나오거나 나오지 않거나 상주하며, 존재하는 것으로 그것을 법계라 표현하고 있다. 여기에서 법계란

지성불교의 성격

12연기의 이법이 존재하는 세계라는 뜻이겠지만, 이 법계는 법주·법공·법여·법이의 세계로 존재하는 세계의 참된 모습으로서 법의 세계를 표현하고 있다. 이렇게 12연기의 세계를 올바로 이해하는 사람들은 과거나 미래에 대한 극단적인 견해를 가지지 않게 되는 것이다. 연기의 이치를 이해한 사람에 대해 동일한 앞의 경전에서는 다음과 같이 말하고 있다.

> 많이 들은 거룩한 제자는 이 인연법과 연생법에 대해 올바로 알고 잘 보아, 전제前際를 구하여 내가 과거세에 있다든가 없다든가, 내가 과거세에 어떤 부류였다든가, 내가 과거세에 어떠했다든가하는 것을 구하지 않는다. 또 후제後際에 대해서도 내가 당래세當來世에 있을 것이라든가 없을 것이라든가……[등등을] 구하지 않는다.상동

곧 연기의 이법에 대한 통찰은 과거세에 대한 견해나 미래세에 대한 견해를 뛰어넘게 하는 것임을 강조하고 있다. 이것은 다시 말해 12연기의 법에 대한 올바른 이해는 과거나 미래에 대한 다양한 견해를 떠나 중도의 입장에 서는 것임을 강조하고 있는 것이다. 이와 같이 연기법은 붓다가 밝힌 중도의 법이자 불교의 본령을 드러내는 중요한 가르침으로 간주되고 있다. 이 연기의 이법에 대한 발견과 통찰은 인류에 대한 고타마 붓다의 깊은 지성의 발로라고 말할 수 있다. 곧 연기의 개념은 우리 삶의 존재양식에 대한 깊은 이해와 통찰을 전제로 하는 것으로 우리의 심신관계는 물론 우리를 둘러싼 현실의 많은 문제가 원인과 결과의 끊임없는 관계인 것을 직시하고 있는 것이다. 이 연기설이 가지는 의미에 대해 앞서 언급한 고익진 박사는 다음과 같이 말하고 있다.

그러나 석가모니께서는 오랜 각고의 구도 끝에 인간의 죽음은 절대적인 것이 아니라 진리에 대한 자신의 무지에서 연기한 것임을 발견한 것이다. 세계의 어떤 종교가 석가모니의 이러한 깨달음 보다도 더 밝은 전망을 인류에게 비춰주고 있을까. 연기의 깨달음이야말로 인류의 종교적 사색이 도달한 최고의 성과라고 할 것이다. 고익진, 앞의 책, p.47

이렇게 모든 것이 서로 관계하여 생겨났다는 의미로서 연기의 이치는 고타마 붓다가 당시 비판한 견해들과는 현저하게 다른 것은 물론이다. 초기경전의 또 다른 곳에서는 고타마 붓다가 비판한 견해들로서 당시 존재하는 현상의 행위와 관련해 이러한 행위의 원인이 어떤 절대자에 의한 것이라거나[존우화작인론; 尊祐化作因論], 과거에 결정된 작용이라거나[숙명론; 宿命論], 원인이란 없다[무인무연론; 無因無緣論]고 하는 견해가 유행하였던 것을 보여준다.《중아함경》, 3권, 〈도경度經〉 그와 같이 다양한 견해를 명쾌하게 비판적으로 정리하고 있는 고타마 붓다의 태도는 분석과 판단을 중시하는 인류의 높은 지성적인 태도를 보여주고 있다. 어떤 절대자에 대한 믿음이나 권위 등에 의존함이 없이 우리 삶의 현실을 연기의 이치로서 이해하고 설명하고 있는 고타마 붓다의 사상적 입장은 올바른 판단력을 존중하는 입장으로서 지성불교라 부를 수 있는 충분한 근거를 가지고 있다고 생각한다.

지성불교의 성격

사법인

고타마 붓다에 의해 창시된 불교는 그 성격상 인간의 지성능력 즉 분석력과 판단력에 의한 인간의 능력이 극대화된 일면을 여실히 보여준다. 곧 종교 일반에서 볼 수 있는 믿음을 우선시하는 경향보다는 판단하고 이해하고 사유하는 지성의 면이 크게 돋보이는 것이다. 이런 지성의 능력을 보이는 불교의 중요한 내용이 중도·연기의 가르침으로, 이러한 가르침을 이해하는 데는 당연히 많은 사유와 이해가 요구된다. 그리고 이러한 가르침의 성격은 이후 많은 사람의 지성을 개현開顯시키는 중요한 역할을 담당하게 되어, 불교가 믿음의 종교가 아닌 사색과 판단을 요구하는 지성의 종교로서 자리매김하게 되었다. 불교의 핵심적인 가르침의 내용으로서 중도·연기의 가르침이 이렇게 사유와 사색을 필요로 하는 것임은 물론이지만 불교의 전체적인 성격을 나타내는 사법인四法印의 특색 또한 불교의 성격이 사색과 이해를 요구하는 종교임을 분명히 하고 있다. 사법인은 불교 가르침의 특색을 나타내는 말로서, 곧 제행무상諸行無常, 제법무아諸法無我, 일체개고一切皆苦, 열반적정涅槃寂靜의 네 가지를 지칭한다. 이 불교의 성격을 나타내는 네 가지도 단순히 믿고 이해하기에는 좀 더 깊은 사유와 사색이 요구된다.

먼저 제행무상諸行無常이란 제행諸行 즉 우리의 삶을 구성하는 일체의 현상은 무상無常 즉 끊임없이 생멸 변화해 간다는 것이다. 여기에는 일체의 존재가 끊임없이 변화해 가는 것에 대한 뚜렷한 통찰력이 나타난다. 그리고 변화해 가는 것이란 인과의 관계가 끊임없이 이어지고 있다는 말이기도 하다. 따라서 제행무상에는 모든 것을 변화와 움직임으로 파악하는 불교적 입장이 담겨있고, 이렇게 모든 것을 변화와 인과의 관계로 파악하는 것은 불교적 지성의 기본적인 입장이라 할 수 있다. 불교가 일체의 현상을 변화하는 것으로 파악하는 데는 일체의 현상에 불변의 실체, 본체를 인정하는 입장에 대한 반대의 입장이 담겨져 있음은 말할 것도 없다. 이러한 불변의 본체가 당시 바라문교에서 주장하던 브라흐만, 아트만 등으로 불리던 것은 이미 앞에서 말한 바와 같다.

따라서 제법무아諸法無我의 법인은 제법諸法 즉 존재하는 일체 현상의 사물에는 그와 같은 고정적 실체나 본체가 없다는 것을 나타내고 있다. 여기에서 제법이란 존재를 구성하는 구체적인 사물을 가리키는 것으로, 이러한 사물은 각각 그 명칭과 대상을 갖고 있다. 그리고 명칭과 대상을 갖는 것은 그 사물로서의 고정적인 본질을 갖는 것으로 인식될 수 있지만, 불교는 그러한 고정적인 요소를 인정치 않는다. 여기에서의 무아無我란 아我 즉 아트만Ātman을 주장하는 유아설有我說의 반대개념으로, 이 유아설은 붓다 당시 바라문교에서 주장하던 핵심적인 가르침이었다. 곧 바라문교에서는 아트만을 아는 것이 해탈의 근거였기 때문에 이 아트만의 개념을 둘러싸고 다양한 논의가 이루어지고 있었다. 그러한 철학적 경향 속에서 불교는 고정적이고 변치 않는 실체, 본질로서 아트만의 존재를 인정하지 않고, 그것을 대신해 모든 것은 서로 관련되어 변화해 간다는 연기설의 입

지성불교의 성격

장을 내세웠다. 이 제법무아의 입장에는 당시 인도 바라문교 사상에 대한 비판으로서 붓다의 명확한 입장이 반영되어 있다.

일체개고一切皆苦 역시 붓다의 현상에 대한 뚜렷한 인식이 드러난다. 곧 존재하는 현상을 직접적으로 영위하는 인간의 삶이란 고통과 밀접히 관계되어 있다는 것이다. 여기에서 고통이란 모순, 불일치의 의미가 담겨있다. 인간의 삶이란 곧, 자신의 이상과 현실의 모순에 의한 부조화와 불일치가 바탕에 깔려있다는 의미이다. 이러한 모순과 부조화 가운데 가장 근본적인 것이 인간에게서 뗄 수 없는 노병사老病死와 같은 것이다. 늙고, 병들고, 죽어가는 우리의 현실을 고통으로 받아들이는 것도 인간이 언제까지나 젊고, 건강하고, 죽지 않고 살 수 있다는 욕심에서 비롯된 모순적 사고에서 생겨나는 것이다. 붓다가 현실을 쾌락이 아닌 고통의 현실로 받아들인 것은 부정할 수 없는 현실에 대한 철저한 통찰과 그것에 대한 해결이라는 종교적 사명을 분명히 갖고 있었기 때문이라 생각된다.

열반적정涅槃寂靜이란 존재하는 삶에 대한 통찰을 통한 희망의 메시지이다. 우리의 삶이 비록 고통이고, 변화하고, 실체가 없다 할지라도 그러한 삶에 대한 통찰은 인간에게 해탈의 즐거움을 가져다준다는 명확한 입장이 제시되어 있다. 다시 말하면 우리 인간은 삶을 통찰함으로써 깨달음에 이를 수 있고, 그러한 깨달음을 통해 법열을 느끼는 적정의 경지에 오를 수 있다는 의미이다. 이것은 붓다의 가르침을 따르는 모든 사람들이 자신들의 지성을 발휘해 붓다가 증득한 경지에 오를 수 있다는 희망의 비전을 제시하는 것이기도 하다. 붓다가 깨달은 진리의 영역은 모든 인간에게 개방되어 있고, 그러한 진리는 현실에 대한 철저한 통찰력을 가진 인간의 지성에 의해 모두가 깨달을 수 있다는 분명한 인식이 담겨있다.

이처럼 불교의 근본 성격으로 제시되는 사법인에는 우리의 삶을 둘러싼 현상세계에 대한 철저한 인식과 통찰이 전제되어 있다. 그리고 그러한 삶에 대한 인식능력과 통찰력은 인간의 지성과 결부하여 더욱 고양되어 사람들로 하여금 붓다가 깨달은 경지에 이르게 해야 할 필요가 있는 것이다. 따라서 사법인은 고타마 붓다의 지성에 대한 명확한 특징과 성격을 나타내는 것으로, 모든 인간이 스스로의 내면에서 개발하고 성취할 수 있는 중요한 가르침인 것이다.

지성불교의 성격

제3장

지성불교의 역사적 전개

지성불교의 전개

불교는 고타마 붓다의 지성知性의 산물인 그의 사상이 인도의 종교 문화 형태로 탈바꿈한 새로운 유형의 종교이다. 인류의 역사에 있어 종교 문화는 동서양을 막론하고 다양한 모습으로 전개되어 왔다. 소위 세계 보편종교普遍宗敎라고 하는 기독교나 이슬람교와 같이 지구상의 상당수 지역과 인구에 영향을 끼치는 종교는 물론 각 나라의 고유한 민족 정체성에 기인한 유대교나 힌두교와 같은 민족종교民族宗敎, 그리고 세계의 각 지역에서 많은 사람들에게 영향을 끼치는 수많은 소수 종교에 이르기까지 종교는 인류의 역사와 함께 존속하고 있다. 이처럼 다양하고 수많은 종교 가운데 특히 불교를 지성불교라는 이름으로 그 성격을 규정하고 살펴보고자 하는 데는 불교라는 종교가 지닌 특수성에 기인한다. 인도에서 탄생한 불교라는 종교문화 속에는 철학 사상적인 요소가 짙게 녹아있기 때문이다. 이것은 다시 말해 인도의 종교에는 종교적인 요소와 철학적인 요소가 상호 밀접하게 결합, 결부되어있는 것을 의미한다. 이것은 서양의 사상문화의 역사 속에서 종교와 철학의 역사가 상호 분리되어 전개된 모습과는 상당히 다른 것으로, 인도에서는 종교문화가 철학 사상과 상호 밀접한 관계를 가지며 전개하고 있었다. 따라서 인도에서 탄생한 불교는 그 외형상

보이는 종교문화 속에 철학적인 사상체계가 철저하게 구축되어 있었고, 또한 그것에 근거해 다른 종교에 대한 입장을 분명히 갖고 있었다. 그러한 불교적 특징을 여실히 보여주는 가르침이 중도中道와 연기법緣起法, 사법인四法印으로 나타나는 불교의 성격으로 이러한 불교적 특성은 다른 종교와 대비되는 독특한 성격이기도 하다.

중도로 나타나는 불교의 성격에는 기존의 다양한 종교 사상 체계에 대한 불교적 입장에서의 비판 의식이 포함되어 있다. 즉 기존의 인도 바라문교의 사상에 대한 이해는 물론 새롭게 등장한 사문의 사상 체계에 대한 종합적 판단논리가 중도라는 말에 담겨있는 것으로, 불교는 이러한 견해들을 총체적으로 비판하여 중도의 입장을 드러내고 있다. 곧 중도라는 말로서 불교의 입장을 분명히 하여 당시 유행하던 견해들을 유무중도, 단상중도, 일이중도, 고락중도라는 말로 표현하며 비판하고 있다. 그리고 중도로 표현되는 불교 가르침의 구체적인 내용이 연기설에 의거한 가르침으로 우리의 삶을 다양한 조건, 즉 인과의 상호관계로서 파악하고 이해하는 방식인 것이다. 곧 모든 것은 갖가지 조건이 어우러져 생겨난다는 관계의 원칙을 연기란 말로 표현하여 가르침의 근거로 삼고 있는 것이다.

그리고 이러한 연기의 원칙에 대한 강조에는 절대적이고 변하지 않는 고정적인 실체의 개념에 대한 반대의 입장이 담겨있기도 하다. 이것은 불교 이외에서 주장한 브라흐만이나 아트만 혹은 세계를 구성하는 변치 않는 절대요소 등에 대한 비판의 입장이 전제된 것으로, 불교는 연기설에 의거해 그러한 실체적인 개념들을 비판하였던 것이다. 그리고 연기의 원칙에 근거하여 설해진 사법인의 가르침에는 보다 구체적인 불교 입장이 분명하게 나타나고 있다. 곧 모든 것이 변한다는 무상無常의 입장이나

고정적 실체가 없다는 무아無我의 입장은 이러한 연기의 이치에 근거하여 설해지고 있으며, 삶을 모순이나 부조화로서 고통苦痛으로 이해하는 방식이나 그러한 고통도 없어지고 열반涅槃의 경지가 전개된다는 불교적 가르침 역시 연기적인 사유에 근거하여 우리 인간이 정신적 자각을 통해 부처의 경지에 이를 수 있다는 가능성을 분명히 드러낸 것이다. 이러한 가르침을 특성으로 하여 전개된 종교문화로서 불교는 분명 지구상의 그 어떠한 종교보다도 철학적이고 사색적이며 통찰력을 요구하는 종교라고 말할 수 있는 것이다.

이렇게 고타마 붓다의 진리에 대한 자각은 당시 성행한 다양한 종교 사상들에 대한 분명한 판단과 이해에 근거하고 있는 것으로, 이것을 필자는 고타마 붓다의 지성에 의한 종교라는 의미에서 지성불교라고 불렀던 것이다. 그런데 이러한 지성불교의 정신이 불교의 역사적 전개 속에서 새롭게 꽃피우는 계기를 맞이하게 되는데 그것은 다름 아닌 대승불교大乘佛教의 등장이다. 이 대승불교의 등장으로 인해 지성불교의 전통은 더욱 인도 사회 속에 뿌리를 내렸고, 불교의 정신이 인도를 넘어 전 세계적으로 전개될 수 있는 계기가 되었다고 생각한다. 지성불교 전개의 촉매제로서 대승불교의 역할에 대해 살펴보자.

대승불교의 흥기

　　대승불교는 초기불교의 정신을 이어받아 인도에서 꽃핀 지성불교의 본격적인 전개라고 말할 수 있다. 대승불교는 주지하다시피 인도 불교의 역사에서 초기불교·부파불교에 이어 등장한 새로운 불교운동으로, 이전의 불교와는 다른 양상을 보인다. 즉 부파불교에 이르기까지 불교의 핵심주체는 비구, 비구니의 출가승단이었지만, 대승불교에 이르러서는 재가의 남자 신도인 우바새優婆塞, 여자 신도인 우바이優婆夷에 이르기까지 불교의 주체세력으로 등장한다. 곧 이것은 대승불교에 이르러 재가자가 불교승단의 일원으로 그 존재감이 부각되고, 이러한 재가자가 승가의 중요한 역할을 담당하게 되는 것이다. 곧 초기대승경전 가운데 하나인《유마경》에서는 재가의 보살로서 유명한 유마 거사維摩居士가 등장해 경전의 주인공 역할을 하고 있다. 이렇게 재가의 보살이 등장하여 부처의 가르침을 전하고 불법을 설하는 새로운 불교적 모습이 대승불교로서, 이 대승불교는 고타마 붓다의 지성을 몸소 체현하려는 대승불교도에 의한 새로운 불교운동이다.

　　대승불교도는 고타마 붓다의 지성이 누구에게나 체현 가능한 일임을 확신한 불교도에 의해 전개된 운동으로, 대승불교도는 그러한 고타마 붓다의 지성을 체현하려는 인물을 보살이라 불렀다. 당시까지 불교의 승가僧伽는 불교의 개조인 고타마 붓다가 증득한 깨달음의 경지는 누구나 도달할 수 있는 경지라고는 생각지 않았다. 붓다의 가르침에 따라 수행한 다 해도 붓다의 정신적 경계는 누구나 도달할 수 있는 경지는 아니었다. 비록 붓다의 가르침을 따르는 제자가 도달한 최고의 경지를 아라한阿羅漢 이라 불렀지만, 이 경계도 붓다의 경계는 될 수 없었다. 하지만 대승불교 도는 붓다가 깨달은 경지는 인간이라면 누구에게나 가능한 일이며, 그리 고 그러한 붓다의 경지에 오르고자 노력하는 존재로서 보살의 길을 가야 할 것을 역설하였다. 곧 붓다가 보여준 지성의 힘이 오로지 붓다에게만 있 는 특별한 능력이 아니라 모든 인간에게 갖추어져 있는 능력인 것을 깨닫 고 그러한 지성의 힘을 발휘하고자 노력한 것이다. 초기의 대승불교도는 그러한 지성의 힘으로 얻어지는 능력을 반야바라밀다般若波羅蜜多 즉 지혜 의 완성이라 불렀으며, 반야바라밀다의 실천을 통해 붓다가 보여준 경지 에 이를 수 있다고 확신하였다. 정각의 경계가 드러나는 반야바라밀다의 실천이야말로 인간이 지닌 지성의 발로이며, 그러한 지성의 힘으로 대승 불교도는 스스로를 보살이라 하며 붓다와 같은 경지에 이르고자 최선을 다하였다.

　　그와 같이 보살의 이상을 가지고 새롭게 흥기한 대승불교도는 자 신들의 집단을 보살승가菩薩僧伽라는 말로 표현하며, 한편으로 다수의 불 교경전을 제작하였다. 대승불교도들에 의해 최초로 제작된 반야경전은 지혜의 완성을 의미하는 반야바라밀다의 실천을 구체적으로 드러낸 경전 으로서, 이 반야경전 가운데 가장 유명한 것이 동아시아에서 현장玄奘 스 님이 번역한 《반야심경》이다. 이 《반야심경》에서도 대승의 보살은 중도와 연기의 개념과 모순된 입장을 보인 부파불교의 사상을 공성의 논증으로서 논리적으로 비판하고 있다. 특히 현장의 번역에는 나타나지 않는 실체 개념의 용어가 범본《반야심경》에는 명확히 나타나고 있어 대승의 보살이 중도와 연기의 사상적 입장 즉 지성불교의 전통을 잇고 있는 것을 살펴볼 수 있다. 대승의 보살은 초기 대승경전으로서 이 반야경전을 비롯해 화엄경전, 법화경전, 정토경전, 재가주의경전 등 다수의 대승경전을 만들어 내고 또한 대승의 사상적 이념을 구체적으로 정립하기 위해 다수의 논서論書들도 만들었다. 그러한 논서를 지은 사상가들 가운데 대승불교의 철학적 이념을 정립하고자 노력한 최초의 인물로서 후대 불교 철학의 역사에 큰 영향을 끼친 인물이 나가르주나Nāgārjuna, ca.150-250 즉 용수龍樹이다. 동양에서는 8종의 조사祖師로 알려져 있는 나가르주나는 대승불교 사상의 이념적 정립은 물론 대승불교의 종교적 완성을 꾀한 중요한 인물이다. 그에 의해 대승불교의 철학 체계는 확실해 지고 그에 의해 정립된 대승불교 철학은 이후 전불교계에 큰 영향을 끼치게 된다.

나가르주나의《근본중송》

　　불교의 개조 고타마 붓다의 지성에 의한 역사적 산물인 불교는 그 역사적 전개 가운데 대승불교도에 의해 새로운 계기를 맞는다. 곧 붓다에 의해 발현된 지성이 모든 사람들이 지닌 정신적 능력이라는 자각을 갖게 하는 계기가 만들어진 것이다. 붓다에 의해 만들어진 불교의 정신적 가치가 반야바라밀다라는 지혜의 완성에 있음을 강조한 대승불교는 그러한 지혜의 완성을 성취하는 정신적 자각이 모든 인간에게 부여되어 있음을 분명히 하였다. 그러한 입장을 잘 표현해주는 말이 대승경전 가운데《열반경》에 나타나는 '일체중생실유불성一切衆生悉有佛性'이라는 말로서, 곧 모든 인간은 붓다와 같은 성품을 가지고 있음을 강하게 주장하였다. 물론 이러한 불성에 대한 자각은 불도佛道의 완성에 뜻을 둔 대승불교도의 입장에서는 재가와 출가를 불문한 정신적인 자각의 성취대상으로 간주되었다고 할 수 있다. 특히 그러한 불도의 완성을 위해 노력하면서 현실적으로 함께 살아가는 이웃으로서 중생들을 이롭게 하고자 마음을 먹은 사람들을 보살이라 부르고, 보살로서 불도의 완성을 위해 노력하는 것을 대승불교도는 높은 이상으로 삼았다. 이러한 보살 가운데는 출가하여 붓다의 경지에 이른 출가의 대보살도 나타나며, 집에 머물러 재가의 상태로 불교의 이상을 실현하고자 하는 재가의 보살도 등장한다. 곧 대승의 보살들은 보살승가라는 독자의 집단을 형성하고 새로운 불교운동의 주역으로서 정신적인 자각을 가지고 있었다. 그러한 대승불교의 전개 속에서 대승불교의 철학과 이상을 총체적으로 체계화시키는 새로운 사상가가 등장하는데 그가 바로 나가르주나이다.

나가르주나는 대승불교의 아버지, 제2의 석가 등으로 불릴 정도로 불교 철학에 중요한 위상을 차지하는 인물로서, 그는 불교의 정신과 대승불교의 철학을 보다 치밀하고 새롭게 정립하고자 하였다. 이러한 일은 이전의 부파불교 내지는 인도의 다양한 힌두 철학과의 관계에서도 불교의 입장을 분명히 드러내어야 하는 시대적 입장이 반영된 것이라 할 수 있다. 곧 대승불교의 흥기 배경에는 기존의 부파불교가 불교 정체성에 대한 다양한 논의 속에서 불교의 근본 입장으로부터 벗어나고 있는 것을 대승불교도는 직시하여 불교의 입장을 인도 사회에 새롭게 정립하고자 하는 의식을 가지고 있었던 것이다. 따라서 그러한 의식 위에 대승불교의 철학 체계의를 정립하는 일은 다름 아닌 고타마 붓다의 정신을 보다 분명하게 드러내는 일임을 대승불교 최초의 사상가인 나가르주나는 분명히 자각하고 있었고, 그러한 역사적 과업을 잘 보여주는 것이 그의 주서 《근본중송根本中頌》이다.《근본중송》은 후대 많은 사상가들에 의해 주석서가 저술돼, 그것에 의해 대승불교의 중요한 철학적 흐름인 중관학파中觀學派가 생겨나

---

* 《근본중송》은 동아시아에서 일반적으로 《중론》이라 불렸지만, 산스크리트 원어인 Mūlamadh-yamaka-kārikā에 의거해 《근본중송》이라 부른다. 이하 《근본중송》의 번역에 대해서는 필자의 다음 역 참조. 이태승역, 《根本中頌》 [지만지고전선집], 지만지, 2008.

는 계기가 되기도 하였다. 이《근본중송》에서 강조하고 있는 것도 고타마 붓다의 지성에 의거한 철학 사상의 핵심개념인 중도와 연기에 의거한 철학 정신의 전개로서, 그 연기의 개념에 대해《근본중송》의 귀경게에서는 다음과 같이 표현하고 있다.

> 소멸하는 것도 아니며, 생기는 것도 아니며
> 단멸하는 것도 아니며, 상주하는 것도 아니며
> 동일한 것도 아니며, 다른 것도 아니며,
> 오는 것도 아니며, 가는 것도 아닌
> 희론을 일체 떠난, 상서로운,
> 연기를 설하신 정등각자, 곧 모든 설법자 가운데 최고인
> 부처님께 귀의합니다.

> 不生亦不滅　不常亦不斷　不一亦不異　不來亦不出
> 能說是因緣　善滅諸 論　我稽首禮佛　諸說中第一
>
> 漢譯鳩摩羅什譯　大正藏 30卷, No.1564

이 귀경게의 한역에 보이는 부정의 여덟 가지는 전통적으로 동아시아에서 '팔부중도八不中道'라 불려 나가르주나 사상의 핵심개념으로 간주되었다. 하지만 좀 더 정확하게 말하면 '팔부중도'가 아니라 여덟 가지의 부정으로 서술된 연기라는 의미로 '팔불연기'라고 해야 할 것이다. 그것은 전통적으로 중도라는 말의 앞에는 비판되는 의미의 개념들이 붙는 것이 일반적으로, 예를 들면 '유무중도'에서와 같이 중도의 입장에서 보면 비판

지성불교의 역사적 전개

되어야 하는 유와 무의 견해의 의미가 붙어 '유무중도'라 표현된다. 이러한 의미에서 보면 귀경게에 나타나는 여덟 가지 부정으로서 팔불은 연기를 설명하는 서술어인 까닭에, 귀경게에서의 연기는 '팔불로 설명되는 연기'라는 의미가 타당할 것이며, 그런 의미에서 여덟 가지 부정은 연기적인 사유를 설명하는 독특한 방식이라 할 수 있다.

이 연기의 개념을 이해하는 데는 제2장에서 언급하였던 고익진 박사의 상의상관성의 개념이 도움이 된다. 곧 박사가 말하였던 어떤 존재든 그 존재는 결과인 동시에 원인이라는 의미에서 상의상관성의 존재라는 의미가 이 귀경게의 연기관에 나타나고 있다고 생각된다. 곧 연기의 원칙에 의거하면 조건과 결과를 갖는 두 가지 현상 즉 X와 Y는 X를 연으로 하여 Y가 생겨나는 밀접한 관계를 갖고 있다. 그렇지만 그 연이 되는 X가 소멸한다고 하여도 X는 Y를 생기시키는 역할을 하는 것으로 따라서 그것은 Y의 결과를 생기시키는 의미에서 홀로 완전히 소멸된 것이 아니다.[不滅] 또한 Y의 결과가 생겼다고 하여도 그것은 X의 도움 없이 홀로 독자적으로 생겨난 것은 아닌 것이다.[不生] 그리고 그러한 X와 Y의 관계를 달리 말하면 X가 Y와 관련 없이 완전 별개로 단절된 것도 아니며[不斷], 또한 X와 Y가 같은 현상으로서 동일하게 항상 존재하는 것도 아닌 것이다.[不常] 이러한 관계에 있는 X와 Y는 동일한 것도 아니며[不一] 전혀 별개의 다른 것도 아니며[不異], 또 이러한 밀접한 관계는 방향성의 입장에서도 오는 것도 아니고[不來], 가는 것도 아닌 것이다.[不去]

이렇게 연기의 입장에서 보면 어떤 현상이란 결과와 원인의 의미를 함께 가지는 것으로서 그러한 존재에 대해서는 소멸한다·생성한다, 떨어져있다·동일하다, 같다·다르다, 온다·간다와 같은 단정적인 말로서는 표현할 수 없는 것이다. 이러한 의미에서 불생·불멸 등 부정의 용어로 밖에 표현할 수 없는 것이 연기의 설명으로, 그러한 연기의 개념이 붓다가 설한 가르침의 핵심적인 것임을 나가르주나는 강조하고 있는 것이다. 그리고 이러한 부정을 통한 연기에 대한 설명에는 생성과 소멸, 단멸과 상주, 동일과 차이, 오고 감의 개별적인 특성을 본질로 하여 존재하는 실체적이며 본체적인 개념을 주장하는 여타의 학파에 대한 비판도 전제되어 있다. 따라서 나가르주나는 《근본중송》 전체에서 연기의 입장에 의거하여 다른 종교에서 주장하는 실체적인 개념을 비판하며, 그러한 비판을 통해 연기의 이치가 불교의 근본입장임을 분명히 밝히고 있다. 이 연기의 개념이 불교의 근본적인 입장인 것을 《근본중송》에서 다음과 같이 말하고 있다.

> 연기한 것, 그것을 우리들은 공성空性이라고 말한다. 그것은 의존依存하여 시설施設된 것이며, 실로 그것은 중도中道이다.24-18

> 어떠한 법이라도 연기緣起하지 않은 것은 존재하지 않는다. 그런 까닭에 실로 어떠한 법이라도 공空이 아닌 것은 존재하지 않는다.24-19

이렇듯 나가르주나는 연기한 것을 공성의 것, 가설假說된 것, 중도라는 말로 표현하여 연기의 의미를 분명히 한 것에 그 철학적 의미가 있지만, 이것은 달리 말하면 고타마 붓다의 철학 정신을 대승의 입장에서 보다 체계적으로 재정리한 것이기도 하다. 곧 대승의 흥기에 이르러서는 부파불교 내의 중요학파인 설일체유부說一切有部는 자성自性과 같은 영원하고 변하지 않는 의미의 개념을 불교의 핵심개념으로 주장하였으며, 더욱이

　　　　　　　　　　　　　　　　　지성불교의 역사적 전개

힌두 철학에서는 아트만, 실체, 본질 등에 해당하는 다양한 개념들을 사용해 현상을 설명하였던 것이다. 이러한 것들에 대해 나가르주나는 4법인에서 보이는 불교의 근본입장을 바탕으로 당시 주장된 다양한 실체적인 개념들을 비판하였던 것이다.

이 나가르주나의 비판의 입장이 고타마 붓다의 지성불교적 전통을 잇고 있는 것은 당연한 것이라 생각된다. 곧 붓다가 강조한 중도와 연기의 논리가 나가르주나에 이르러서도 그 철학 사상의 핵심적인 근거가 되었고, 또 나가르주나의 사상은 이후에도 지속적으로 이어져 대승불교 철학적의 전통을 형성하였던 것이다.

대승불교 철학의 전개

인도에서의 대승불교 철학은 나가르주나를 기점으로 전개되며, 특히 사상적인 면에서는 나가르주나의 《근본중송》이 중요한 역할을 담당한다. 그리고 나가르주나의 《근본중송》에 대해 주석서를 쓴 사람들이 나타나 나가르주나의 사상을 해석하고 전파시켰으며, 또한 《근본중송》에 나타나는 중요한 개념들은 대승불교 철학의 중요한 철학적 개념을 형성한다. 여기에서 나가르주나의 사상을 계승한 사람들을 중관학파中觀學派라 부르며, 이 중관학파는 인도에서 불교가 사라지는 13세기까지 존속한다. 중관학파란 말 그대로 중도를 선양宣揚하는 학파라는 의미로, 불교의 핵심근거인 중도를 철학적 이론적으로 정립한 사람들을 지칭한다. 이 중관학파는 오랜 기간 존속한 까닭에 일반적으로 초기·중기·후기 중관파로 구분하여 설명한다. 초기중관파는 나가르주나 자신과 그의 제자인 아리야데바 그리고 라훌라바드라를 포함하고 있으며, 중기중관파는 나가르주나의 《근본중송》에 주석서를 쓴 붓다팔리타[佛護]·바비베카[淸辯]·찬드라키르티[月稱] 등이 포함되고, 후기중관파에는 즈냐나가르바[智藏]·샨타라크쉬타[寂護]·카말라쉴라[蓮華戒] 등이 포함된다. 특히 후기중관파인 샨타라크쉬타는 당시 인도의 전 사상을 불교의 입장에서 비판적으로 정리한 대표적

불교사상가로서 그의 명성은 주변 지역에 퍼져 특히 티베트에 불교를 전하고 기틀을 다지는데 중요한 역할을 하였다.

　　　인도의 대승불교 철학은 나가르주나를 기점으로 중관학파가 형성되며, 이후 새로운 철학적 흐름으로서 유식학파唯識學派가 형성된다. 미륵彌勒의 5부 논서《대승장엄경론》·《중변분별론》·《법법성분별론》·《현관장엄론》·《구경일승보성론》를 바탕으로 무착無著, 세친世親에 의해 이론적 체계를 세운 유식사상은 나가르주나가 체계화시킨 공성·중도 등의 개념에 대해 우리 인간의 의식 즉 마음의 세계를 분석적으로 고찰해 접근하고 있다. 인간의 의식세계를 여덟 혹은 아홉의 단계로 구분하여 궁극적인 내면의 의식세계에 접근하는 유식사상은 오늘날 심리학 혹은 명상 등과 관련해 새롭게 조명을 받고 있다. 인도에서는 중관사상과 유식사상이 대승불교의 핵심적인 2대 철학으로 간주되지만, 다양한 대승불교 철학의 문헌을 통해보면 특히 철학적인 면에서는 불교논리학파 즉 프라마나Prāmāṇa 학파가 중요한 역할을 담당한다. 디그나가에 의해 체계화되고 다르마키르티에 의해 완성된 불교논리학파는 불교적 지성이 극단적으로 나타난 중요한 철학적 전통으로 인도에서는 불교를 대표해 힌두 철학과의 논쟁에도 선봉적 역할을 담당하였다. 인도의 불교논리학파는 동아시아에서는 인명학因明學으로 알려졌지만 디그나가의 약간의 저술을 제외하고는 거의 전해지지 않으며, 인도에서 다수의 저서를 남기고 있는 불교논리학파의 완성자인 다르마키르티 역시 동아시아에 거의 알려지지 않고 그의 책도 번역된 것은 거의 없다. 그렇지만 이 다르마키르티의 철학 정신을 잇고 있는 사상가가 후기중관파의 사상가들로서 따라서 인도에서의 불교 철학의 전개는 동아시아와는 전혀 다르게 전개되었다. 곧 연기와 공성, 중도의 핵심개념에 의거한 대승불교의 철학은 그 반대의 입장에 있는 힌두의 철학 사상들과 끊임없이 논쟁, 논전을 벌이며 긴장관계 속에 그 철학 정신을 전개하였고, 그러한 비판적 철학 정신은 후기중관파의 사상가인 샨타라크쉬타의 철학 속에 고스란히 남아 오늘날까지 전승되고 있다.

인도에서 전개된 불교 철학과 힌두 철학 간의 사상논쟁은 무상과 무아를 근본입장으로 하는 불교의 입장에 대해 항상과 유아를 철학적 기반으로 삼는 힌두 철학이 공존하는 이상 어쩔 수 없는 일이기도 하였다. 그렇지만 불교사상과 힌두 철학 간의 기나긴 사상적 논쟁 속에서 상이한 두 사상의 전통은 대립과 융합을 동시에 진행시켰으며, 그러한 대립과 융합에 크게 영향을 준 개념이 불교의 이제설二諦說 즉 두 가지 진리에 대한 가르침이다. 이제의 가르침 또한 나가르주나의 《근본중송》에 근거하는 것으로, 부처님의 가르침은 근본적으로 세속제世俗諦와 승의제勝義諦의 이제에 의거해 설해진다는 데 기인한다. 《근본중송》에서는 다음과 같이 말하고 있다.

모든 부처의 가르침은 두 가지 진리에 의거하여 설해진다. 세간에서 인정하는 진리 즉 세속제와 최고의 의미로서의 진리 즉 승의제이다.24-8

이 두가지 진리의 구별을 알지 못하는 사람은 불법佛法의 깊은 진실된 의미를 알지 못한다.24-9

언설습관에 의거하지 않고서는 승의제는 설해지지 않는다. 승의제에 도달하지 않고는 열반은 얻어지지 않는다.24-10

지성불교의 역사적 전개

이 게송들이 《근본중송》에서 이제의 근거가 되는 것으로, 이 이제의 구분에 대해 이후 많은 사상가들이 자신의 입장을 밝히며 규명하고자 노력하였다. 여기에서 세속제는 언설에 의거한 진리라는 말이며, 승의제는 언설을 초월한 진리의 영역을 의미한다. 철학적 논쟁에 있어 언설을 통해 표현되는 진리의 세계는 궁극적인 승의의 경계인가 아니면 아무리 극단적으로 간다 해도 세속에 불과한 것인가? 이러한 세속과 승의의 구분과 관련된 이제에 대한 논란은 사상가에 따라 차이가 드러났음은 물론 이러한 진리의 구분의 방식은 힌두 철학에도 크게 영향을 끼쳤다. 특히 인도의 힌두 철학을 대표하는 베단타 학파의 샹카라Śaṅkara, ca.700-750에 있어 궁극의 개념인 브라흐만 즉 범梵에 대한 두 가지 방식의 이해, 즉 '무속성無屬性의 브라흐만'과 '유속성有屬性의 브라흐만' 등도 실제는 이제설의 영향이라 전해진다.필자,《인도 철학산책》pp.141-143 참조 이러한 힌두 철학에 대한 영향과는 별도로 이제설에 대한 논의는 중관학파의 역사에서 후기 중관파에 이르러 더욱 중요한 문제로 부각되어 즈냐나가르바는 《이제분별론》二諦分別論이라는 저술을 남겼을 정도이다. 이 《이제분별론》에 대해 후기의 최대 철학자로 간주되는 샨타라크쉬타는 즈냐나가르바 저술에 대한 주석서 《이제분별론세소二諦分別論細疏》를 남겼으며, 이 《이제분별론세소》를 통해 성숙된 사상을 바탕으로 자신의 저술인 《타트바상그라하》와 주저인 《중관장엄론》을 저술하였던 것이다. 이 샨타라크쉬타의 저술에 보이는 승의제와 세속제의 가르침은 불교의 지적 전통을 계승하는 중도와 연기의 개념과 결부되어 지성불교의 구체적인 철학적 체계가 인간의 정신의식 속에 어떻게 구현되는가를 보다 구체적으로 보여주게 된다.

제4장

대승불교의 이해

✻ 본고는 제9회 토요전통문화강좌(미륵사지유물전시관, 익산, 2011년 7월)의 일환으로 강의한 '불교문화의 전반적 이해-대승불교의 이해'의 강의자료차 만든 것이다.

대승불교란

대승불교는 인도에서 전개된 새로운 불교운동이다. 인도에서는 주지하다시피 고타마 붓다에 의해 불교가 흥기한 이래 초기불교·부파불교·대승불교·밀교의 역사적 전개가 이루어진다. 대승불교는 초기불교·부파불교의 역사적 전통을 바탕으로 새롭게 전개된 불교운동으로, 이전의 불교와는 다른 면모를 보인다. 이렇게 다른 면모를 대승불교도는 스스로의 명칭에서 분명히 드러내고 있다. 곧 대승이란 인도 말로는 Mahāyāna로서, '큰 수레'를 의미한다. 이 말은 사람을 태우는 물건으로서 큰 것을 지칭하는 것으로, 곧 사람을 태워 고통의 세계에서 열반의 세계로 이끌어간다는 의미가 담겨있다. 다시 말해 모든 사람들을 다 태워 열반의 세계로 이끈다는 큰 원願이 담겨있는 것이다. 대승경전의 다른 문헌에는 대승을 다양한 이름으로 표현하고 있다. 곧 《불설대승십법경佛說大乘十法經》大正藏 11卷, No.314에서는 대승을 다음과 같이 말하고 있다.

> 선남자야, 여래도 그와 같다. 승乘에 따라 아뇩다라삼먁삼보리에 이르면 그 승을 대승大乘이라 하고, 상승上乘이라 하며, 묘승妙乘이라 하고, 미묘승微妙乘이라 하며, 승승勝乘이라 하고, 무상승無上乘이라 하며, 무악승無惡

乘이라 하며, 무비승無比乘이라 하며, 무등승無等乘이라 하며, 또한 무등등
승無等等乘이라 하나니, 선남자야, 이런 뜻으로 대승이라 하느니라.

　　이러한 대승의 입장에 의거하여 이전의 불교를 통틀어 소승으로
부르기도 하였지만, 대승이 일어나던 인도에서는 다양한 부파의 불교가
전개되어 불교의 철학적 논의를 심화시키고 있었다. 그러한 철학적 논의
가 주요한 논의의 대상이 된 불교를 일반적으로 아비달마阿毘達磨 불교라
지칭하지만, 대승불교는 그러한 아비달마불교의 문제를 지적함과 동시에
모든 사람들이 부처가 될 수 있다는 새로운 자각을 바탕으로 불교운동을
전개시킨 것이다. 아비달마불교에서는 모든 사람이 다 부처가 될 수 있는
것이 아니라 출가 수행자들만이 성자의 반열에 오를 수 있고, 그 성자의
최고 단계는 아라한阿羅漢이지만 이 단계는 부처의 경지에는 미치지 못하
는 것이었다. 곧 아비달마불교에서는 깨달음을 얻은 교주 붓다에 대한 존
경과 경의가 남달랐던 점이 눈에 띄지만, 대승의 불교도는 붓다가 이룬 궁
극적인 경지가 모든 사람들에게 개방되어 있고 누구나 그러한 경지에 이
를 수 있다는 확고한 자각이 있었다. 그런 면에서 대승의 불교도는 '보살'
이라는 이상을 내걸었고, 누구나 다 보살이라는 분명한 의식을 가지고 있
었다.
　　　보살이란 본래 석가모니 부처님의 전생前生에 수행 실천하던 수행
자를 지칭한 말이었다. 이러한 보살의 개념을 대승불교도는 자신들의 이
상으로 삼았으며, 이 보살의 이념에 근거해 철학적 논의와 수행실천의 체
계를 수립하였다. 보살이란 인도 말로는 Bodhisattva로서, 곧 '보디'[=깨달음]
을 추구하는 '삿트바'[=사람]란 말로, 보리살타菩提薩埵로 음역한 말을 줄여

부른 것이다. 이 말은 일반적으로 자신을 위한 깨달음의 추구[自利]와 타인을 이롭게 하고자 하는 의도[利他]를 담아 '상구보리上求菩提 하화중생下化衆生'이라는 말로 표현되기도 한다. 따라서 대승불교도는 스스로는 부처와 같은 깨달음을 추구하면서도 타인을 깨달음의 경지로 인도함은 물론 타인에 대한 배려와 봉사를 아끼지 않겠다고 맹서한 불교도의 집단이라고 말할 수 있을 것이다. 인도에서 대승의 출현은 불교의 새로운 자각이자 기존의 틀을 깨어버린 혁명적인 운동이라고 할 수 있다. 기존의 출가승가 중심의 불교전통에서 출가와 재가를 아우르는 만인萬人의 불교로 거듭남을 선언하여 불교를 모든 사람의 종교로 자리매김할 수 있게 한 운동이 대승불교로서, 이 대승불교로 인해 불교는 불타의 근본정신인 대자비가 모든 사람들에게 회향되고 실천되어지는 것임을 확인하게 되었다. 인도에서의 대승불교운동은 주변지역으로 전해졌으며 특히 동아시아 지역에서 크게 환영을 받아 대승불교경전에 근거한 새로운 사상운동이 전개되었다. 이러한 까닭에 동아시아의 불교를 대승불교라 지칭하기에 이르게 되었다.

02

대승불교경전

불교의 경전은 고타마 붓다 열반 후 거행된 불전결집을 통해 새롭게 정비되고, 전승되었다. 일반적으로 불교의 경전은 후에 경經·율律·론論의 삼장三藏으로 정비되지만, 불전결집이 거행되던 초기에는 경과 율만이 먼저 정리되었다. 특히 경전의 첫머리에 나오는 '여시아문如是我聞'이란 말은 부처님을 가까이서 모셨던 아난에 의해 부처님의 말씀을 되새기던 말로서, 이 말이 경전의 첫머리를 장식하는 관용어로 정착된 것이다. 경經은 부처님의 직접적인 가르침을 담은 것이며, 율律은 불교교단의 규칙과 규율을 담은 문헌, 논論은 부처님 가르침에 대한 제자들의 해석, 설명 등을 담은 문헌이다. 특히 논은 인도 말로 Abhidharma라고 하는데, 다르마 즉 법法에 대한 연구, 해석을 의미한다. 이 말은 부파불교의 특색을 나타내는 아비달마불교를 지칭하여 부파불교 시대에 부처님 가르침에 대한 다양한 해석과 설명이 이루어진 것을 반영한다.

이렇듯 대승불교의 흥기에 이르는 과정에서 이미 다수의 불교경전이 각각의 부파에 의해 전승, 전지되고 있는 상황에서 대승불교는 새롭게 자신들의 정체성을 담은 경전을 제작하기에 이르렀다. 그리고 그들은 전통적인 체제 즉 '여시아문'과 같은 전통적인 용어와 체제를 그대로 수용하면서 자신들의 정체성을 담은 새로운 경전을 제작하였다. 이러한 정체성을 잘 보여주는 것이 모든 대승경전에 나타나는 보살집단으로서, 곧 부처님을 중심으로 이루어지는 설법의 장소에 비구, 비구니, 우바새, 우바이와는 별도로 등장하는 보살의 집단이다. 이 보살의 집단을 대표하는 자들이 관세음보살, 문수보살, 미륵보살 등의 대보살이며, 이들을 대표로 다수의 보살이 함께 자리를 하고 있다. 이들 보살집단을 범어 대승경전에서는 Bodhisattvasaṅgha 또는 Bodhisattvagaṇa 등으로 표현하고, 이 말은 보살승가菩薩僧伽, 보살중菩薩衆, 보살승菩薩僧 등으로 번역되고 있다. 곧 대승의 불교도가 보살의 이념을 바탕으로 새로운 집단을 형성하고 있었던 것을 알려주고 있다. 비록 현존하는 대승경전이 방대하고 그 추구하는 사상적 내용이 조금씩 다르다 하더라도 이 보살중이란 용어는 모든 대승경전에 공통적으로 등장하고 있어, 대승경전이 보살의 이념을 지향하는 새로운 불교집단에 의해 만들어졌음을 알 수 있다.

일반적으로 동아시아에 가장 널리 알려져 있는 대승경전인 《반야심경》이나 《금강경》 등에서도 비록 한역의 경전에서는 보살중의 명칭이 빠진 경우가 있지만, 인도의 범어원전에는 그러한 보살중의 용어가 그대로 살아있음을 볼 수 있다. 특히 한국에서 가장 널리 독송되는 구마라집이 번역한 《금강경》에는 보살집단이 나타나지 않지만, 인도의 원전을 충실히 번역한 의정義淨의 《금강경》에는 보살중이라는 용어가 잘 나타나 있는데, 의정은 다음과 같이 번역하고 있다.

如是我聞 一時薄伽梵 在名稱大城戰勝林施孤獨園 與大苾芻衆 千二百五十人俱 及大菩薩衆. 大正藏 8卷, No.239

대승불교의 이해

이렇듯 대승불교도는 대승경전을 통하여 자신의 정체성을 분명히 드러내고 또 자신들이 추구하는 입장을 다양하게 밝혔던 것이다. 그러한 입장을 나타내는 경전 중 초기대승경전으로 분류되는 경전들로 반야경전, 법화경전, 화엄경전, 정토경전, 재가주의 등을 들 수 있다.

이들 다양한 경전 가운데 대승경전으로서 가장 초기에 만들어진 것이 반야 계통의 경전으로, 이들 경전은 대승의 입장을 보다 분명히 드러낸다. 반야 계통의 경전이란 반야바라밀다의 정신을 선양하는 것을 목적으로 하는 경전으로, 반야 즉 지혜智慧를 그 추구의 완성 즉 바라밀다로 삼고 있다. 곧 붓다는 지혜를 드러내고 완성한 인물로서, 이러한 반야 지혜의 완성이야말로 대승의 불교도가 추구하는 근본 목적이란 뜻이 그 속에 담겨있다. 그런 반야 지혜의 완성을 궁극에 둔 실천 체계가 모든 대승불교도가 받아들이는 육바라밀의 실천행인데 보시·지계·인욕·정진·선정·지혜의 여섯 가지 실천 덕목인 육바라밀은 모든 대승불교도가 실천 수행하는 기본 덕목이다. 이 육바라밀다의 체계는 후에 방편·원·력·지의 네 가지가 더해져 십바라밀다의 실천 체계로 정리된다. 이렇게 육바라밀, 십바라밀의 체계로 정리되는 대승불교의 실천 체계에서도 그 핵심이 되는 덕목은 반야바라밀다이다. 이 반야에 대한 철학적 논의가 후에 공空사상으로 전개되어 나가르주나에 의한 중관철학의 전개로 이어지게 된다. 그리고 중관철학의 뛰어난 사상가인 찬드라키르티도 그의 《입중론入中論》에서 십바라밀다의 실천 체계를 십지설十地說과 관련시켜 철학적 체계로 재정립하고, 특히 그 가운데서도 반야바라밀다의 단계를 중시하여 상세한 철학적 논의를 전개시키고 있다.

이렇듯 대승경전 가운데 반야경전은 성립상 최초의 단계를 보여주지만, 다른 초기의 대승경전에도 대승의 독자적인 입장이 잘 반영되어 있다. 법화경전에는 대승의 입장에서 보살을 그 이전의 성문, 연각과 대비하여 회삼귀일會三歸一의 입장을 드러내며, 화엄경전에서도 보살의 실천단계를 십지 등으로 체계적인 정리가 이루어진다. 또한 정토경전에서는 모든 중생을 정토에 태어나게 한다는 큰 원願을 바탕으로 한 불국토의 세계가 전개되고 있다. 또한 재가주의 경전은 이전의 어떠한 경전에서도 볼 수 없었던 재가자가 중심이 되는 내용의 경전으로 그 대표적인 것으로 《유마경》을 들 수 있다. 이들은 모두 대승의 독특한 특징을 잘 나타내며, 대승불교가 이전의 부파불교와는 다른 모습을 유감없이 잘 보여주고 있다.

03

보살승가

앞에서도 말했듯 대부분의 대승경전에서는 부처님의 설법전^{說法前}에 보살의 집단 즉 보살중이 비구, 비구니, 우바새, 우바이와는 별개의 집단을 이루며 등장하고 있다. 그리고 그러한 대승경전의 내용은 이들 보살의 집단이 배우고 실천해야 할 내용들이 가르침의 중심을 이루고 있다. 예를 들어 《반야심경》에서는 관세음보살이 사리불에게 보살의 정신세계를 드러내 보이지만, 그러한 내용은 보살이 알고 배우고 실천해야 할 핵심적인 내용이었다. 이때 보살이 배워야 할 구체적인 내용을 《금강경》에서는 보살승이란 말로 표현하고 있다. 이와 같이 대승경전에 등장하는 보살의 집단은 단순히 등장인물에 그치지 않고 경전의 가르침과 관련해 핵심적인 역할을 하고 있다. 그리고 또 그러한 보살의 집단을 서술하는 표현에서 보살의 집단이 어떠한 존재였는가도 엿볼 수 있다. 초기 반야경전으로서 중요한 경전으로 간주되는 《마하반야바라밀경》^{大正藏 8卷, No.223}의 〈제1권〉에서도 부처님의 설법전에 비구승단과 비구니, 우바새, 우바이와 함께 보살마하살이 있다고 밝힌 뒤, 보살마하살에 대해 다음과 같이 말하고 있다.

이들도 모두 다라니와 삼매를 얻어 공^空·무상^{無相}·무작^{無作; 無願}을 실천하

고 이미 등인得忍을 얻었고, 걸림 없는 다라니를 얻었다. 모두가 다섯 가지 신통력을 갖추었고, 마땅히 해야 할 말만 하며, 진리만을 믿고 받들었다. 또한 게으른 마음이 없고, 이미 자신의 이익과 명성을 구하는 마음을 버렸기에 법을 설함에 있어 달리 바라는 바가 없었다. 깊은 법인法忍에 의해 피안으로 건너 두려움 없는 힘을 얻었으며, 악마와 관련된 일체의 일을 초월하였고, 모든 업장을 낱낱이 다 떠나 있었다. 미묘하게 인연의 법을 설하고, 한량없는 겁 이전부터 큰 서원을 세웠으므로 얼굴은 미소로 차있고, 언제나 먼저 인사를 하였고, 부드럽게 말하였으며, 대중 가운데 있을 때도 두려워하는 바 없었다.

이와 같이 보살이 어떠한 사람들인지 밝히고 있다. 이렇게 대승경전에 나타나는 보살중에 대한 서술은 당시 대승불교도 스스로의 입장을 보이는 것으로서 중요한 기술이라 생각된다.

그리고 대승경전을 바탕으로 대승불교의 철학적 체계를 세운 나가르주나는 이들 대승경전에 나타나는 보살중을 보다 상세하고 구체적으로 설명하고 있다. 나가르주나는 동아시아 불교계에서는 8종의 조사라고 불리어 동아시아에서 전개된 모든 불교종파의 초조初祖로 간주된다. 다수의 저술 가운데 후대 동아시아 불교계에서 중요한 역할을 하는《대지도론》大正藏 25卷, No.1509에서 그는 보살중을 보다 상세히 밝히고 있다. 곧 그는 다음과 같이 말하고 있다.

[질문] 성문의 경전에는 네 부류의 대중만을 말했는데 여기서는 어찌 따로 이 보살대중을 말하는가.

대승불교의 이해

[대답] 두 가지의 도가 있으니 첫째는 성문의 도요, 둘째는 보리살타의 도
다.《대지도론》〈제4권〉

이와 같이 말하며 전통적인 성문의 방식과는 별도의 보살의 방식
이 있음을 밝히고 있다. 물론 이것은 대승이 전통적인 불교와는 별도의 독
자적인 입장을 드러내고 있는 것은 물론이다.《대지도론》의 같은 곳에서
는 또 보살중에 대해 보다 구체적으로 설명하여 다음과 같이 말하고 있다.

[질문] 보살에는 두 부류가 있으니 첫째는 출가한 이요 둘째는 재가이다.
재가보살은 총체적으로 우바새·우바이 중에 있다고 할 수 있고, 출
가보살은 총체적으로 비구·비구니 중에 있다고 할 수 있는데 지금은
어찌 따로 설하는가.
[대답] 비록 네 부류의 대중에 속하지만 응당 따로 설해야 한다. 무슨 까닭
인가. 보살은 반드시 네 부류에 속하지만, 네 부류 가운데 보살에 속
하지 않는 이가 있다. 어떤 자인가. 성문인 사람과 벽지불인 사람과
하늘에 태어나길 구하는 사람과 스스로의 삶을 즐기어 구하는 사람
이 있어 이들 넷은 보살의 무리에 속하지 않는다. 무슨 까닭인가. 이
사람들은 '나는 부처를 이루리라'고 발원發願하지 않기 때문이다."

이렇게 보살에게도 출가보살과, 재가보살의 두 부류가 있다고 말
하고 있다. 이 나가르주나의 말에 비추어 볼 때 보살의 가장 큰 특징은 부
처를 이루겠다는 발원에 있음은 당연할 것이다. 곧 대승의 기본적 입장이
누구나 부처가 될 수 있다는 성불成佛 사상에 의거하는 것을 나가르주나

도 분명히 밝히고 있는 것이다. 여기에서 나가르주나가 밝히고 있는 재가와 출가의 보살에 대한 언급은 보살중의 성격을 보여주는 중요한 내용이라 생각된다.

　　그리고 나가르주나는 그의 다른 저술인 《십주비바사론十住毘婆沙論》大正藏 26卷, No.1521에서 재가보살과 출가보살의 구체적인 행법을 상세하게 나타내고 있다. 이 《십주비바사론》은 화엄경전 등에 보이는 십지설에 의거해 보살의 실천행위를 체계적으로 논술하여 제1지인 환희지歡喜地에서는 재가보살의 행위를 제2지인 이구지離垢地에서는 출가보살의 행법을 밝히고 있다. 여기에서 특징적인 것으로는 재가보살과 출가보살이 함께 닦아야 하는 행위로서 공행共行의 실천법으로 나타나는 것이다. 그리고 또 출가보살의 행법으로서 나타나는 12두타頭陀의 실천법은 당시 전통적인 승가에서도 엄격한 규율로 간주해 율장에 포함시키지 않은 것으로, 따라서 이것은 출가보살의 삶이 매우 엄격하였음을 보여주고 있다. 12두타란 ①아련야주阿鍊若住 ②착납의著衲衣 ③상걸식常乞食 ④일좌식一坐食 ⑤상좌常坐 ⑥과중불음장過中不飮漿 ⑦단삼의但三衣 ⑧착갈의著褐衣 ⑨수부좌隨敷坐 ⑩재수하在樹下 ⑪재총간자在塚間者 ⑫재공지在空地의 열둘을 가리킨다. 이 12두타 가운데 사람이 살지 않는 산속의 한적한 공간을 의미하는 아련야는 출가보살이 거주하는 필수적인 장소로 거론되던 곳으로, 다수의 대승경전에서도 아련야의 삶이 적극 강조되고 있다. 이렇듯 아련야주를 포함한 12두타의 실천법이 대승 출가보살의 실천적 삶이었던 것은 대승불교가 기존의 부파불교와 차별을 두고자 하였던 특유의 행법으로서, 이러한 엄격한 삶과 실천으로 인해 대승불교는 인도에서 그 위상을 세우고 기존의 불교계에 뿌리를 내리게 되었다고 생각된다. 재가보살과 출가보살의

대승불교의 이해

삶을 상세하게 밝히고 있는 대승경전은 이후로도 상당수 등장하고 있어, 그것은 대승불교도에 의해 대승경전이 꾸준하게 제작되어 왔던 것을 보여준다.

초기대승경전인 《유마경》이 제작된 이후에 만들어진 대승경전이 분명한 《대승본생심지관경大乘本生心地觀經》大正藏 3卷, No.159의 〈제7권〉에서는, 유마 거사에게서 보듯 보살은 음녀淫女의 집에도 갈 수 있고 백정白丁의 집에 가서도 의연한 마음을 잃지 않고 묘법을 설해 불도에 들게 한다고 말했는데, "지금은 무슨 인연으로 아련야에 머물러 보살의 행을 닦는 것만을 은근히 칭찬하고 다른 곳에 머물러 보살의 행을 닦는 것은 칭찬치 않습니까"라고 미륵보살이 묻자 부처님은 다음과 같이 말하고 있다.

> 선남자야, 아뇩다라삼먁삼보리의 마음을 발하여 보리의 도를 구하는데 두 보살이 있으니 첫째는 집에 있는 보살이요, 둘째는 집을 나온 보살이다. 집에 있는 보살은 교화하고 제도하기 위하여 음란한 집이나 백정의 집이라도 모두 친근히 하는 것이요, 집을 나온 보살은 그와 같지 않다. 그러나 이 보살에도 각각 9품이 있으니 상근기 3품은 모두 아련야에 머물러 간단없이 정진하여 유정을 이롭게 하는 것이요, 중·하 두 근기의 보살들은 마땅함에 따라 머무르는 바가 되어 방소와 처소를 정하지 아니하여 혹 아련야에도 머물고, 혹 취락에도 살면서 인연 따라 중생을 이롭고 안온하게 하는 것이니 이런 행의 문을 너희는 응당 관찰할 지어다.

부처님은 이처럼 대승 출가보살의 주처에 대한 입장을 분명히 밝히고 있다. 이와 같이 대승경전은 보살중의 구체적인 실태로서 재가보살과 출가보살에 대해 보다 상세하게 그 행위와 실천을 규정하여 대승의 입장에서의 수행실천을 분명히 하고 있다.

대승불교의 이해

04

대승불교의 전개

　　인도불교 역사상 중요한 혁신운동으로 전개된 대승운동은 다수의 대승경전 제작과 함께 인도불교의 중요한 세력으로 등장하게 된다. 이것은 대승경전에 의거해 대승불교의 철학적 체계를 세운 나가르주나의 등장으로 인해 대승불교의 입지가 더욱 확고하게 자리 잡아 갔기 때문이다. 곧 나가르주나는 당시 제작된 다양한 대승경전을 바탕으로 대승불교의 종교적, 신앙적 체계를 세움과 동시에 《근본중송》 등을 저술함으로써 철학적 체계를 세웠다. 나가르주나가 세운 철학적 체계는 후대 중관철학으로 불리어 오랫동안 대승불교의 중요한 철학 체계의로서 역할을 하였다. 곧 나가르주나가 세운 철학 체계의는 부파불교에 의해 혼란스러웠던 불교의 정체성을 분명히 드러낸 것은 물론 당시 인도의 정통철학을 자임하던 바라문교의 철학 사상을 비판하여 불교의 면목을 유감없이 드러내었다. 특히 나가르주나가 강하게 비판하였던 정통철학 가운데 니야야 학파에서는 나가르주나의 비판 이후, 나가르주나를 재비판하면서 이후 불교와 니야야 학파는 오랜 기간에 걸친 논쟁의 길로 접어든다. 따라서 인도에서 불교 철학과 힌두 철학의 기나긴 논쟁의 시발始發이 나가르주나로부터 비롯되었다고 해도 과언은 아니다. 나가르주나를 시초로 하여 전개된 불교의 중관철학은 이후 중기 중관학파, 후기 중관학파 등으로 이어져 불교 철학의 핵심적인 역할을 하며, 인도불교 후기에는 티베트에 불교를 전하는 역할도 담당한다. 이렇게 초기의 다양한 대승경전과 특히 반야바라밀다의 개념에 의거해 전개된 나가르주나의 철학과는 별도로 후대 인간의 마음을 분석하고 규명하는 유식철학唯識哲學이 등장해 대승불교의 또 다른 한 축이 형성된다.

유식철학의 전개에는 대승경전으로서 새롭게 제작된 소위 중기 대승경전으로서 유식계통, 여래장 계통의 경전이 중요한 근거가 되었다. 그 대표적인 것으로서 《해심밀경》, 《여래장경》 등을 들 수 있다. 이렇게 대승불교도는 시대의 추이에 따라 중기 대승경전에서 볼 수 있는 철학적인 경전을 제작함은 물론 대승불교의 정체성을 드러내는 문헌들도 다수 제작하였다. 중기 대승경전에 의거해 대승의 철학 사상으로 유식사상, 여래장 사상 등이 전개되지만, 여래장 사상은 후에 유식사상과 융합되어 인도에서는 중관사상과 함께 유식사상이 대승불교 철학의 양대 산맥을 형성하게 되었다. 더욱이 후대에는 중관사상과 유식사상이 결부된 프라마나Prāmāṇa 학파 즉 불교논리학파가 생겨나 대승불교 철학의 전개에 중요한 역할을 담당한다. 이러한 대승불교의 철학은 인도에서 불교가 힌두교에 융합해 소멸할 때까지 그 역할을 다하였다.

그리고 대승불교의 전개에 따라 후대 또 다른 유형의 대승경전이 제작되는데 소위 후기 대승경전으로서 밀교密敎 계통의 경전이다. 이 밀교 경전을 제작한 새로운 유형의 불교도는 스스로를 금강승金剛乘이라 불러, 기존의 대승불교와 차별을 시도하였다. 이 금강승은 힌두교의 영향을 받은 것으로 간주되지만, 그 영향으로 의례의식이 세밀해지고 수행법도 신

대승불교의 이해

비화되어져 밀교 특유의 비밀불교가 형성되기에 이르렀다. 《대일경》, 《금강정경》과 같은 밀교 특유의 진언다라니에 의거한 다양한 의례와 행법을 담은 경전이 다수 만들어지고, 그것들은 또한 동아시아에 전해져 불교의 철학 사상은 물론 신앙과 의례 등에 큰 영향을 끼쳤다.

제5장

보살불교의 성격

＊본고는 필자가 《佛敎評論》에 기고한 〈大乘佛敎 菩薩의 12미라行에 대하여〉(《佛敎評論》제5號, 위 月: 大乘論둥, 2010)라는 논문을 바탕으로 수정·보완하여 작성한 것이다.

대승경전에 나타나는 보살승가

대승불교는 기존의 부파불교를 전제로 전개된 새로운 불교운동으로써 자신의 정체성을 드러내고자 다양한 경전을 제작하기에 이른다. 그리고 그렇게 제작된 대승경전은 기존의 부파불교의 경전 즉《아함경》으로 대표되는 불교경전과는 다른 체제를 나타내 보인다. 기존의《아함경》과 대비해 대승불교경전이 보이는 가장 큰 특색은 부처님의 설법자리에 보살의 집단이 등장하는 것이다. 곧 대승불교도는 부처님의 법석法席에 기존의 비구 또는 비구니의 집단과 동일하게 보살의 집단을 등장시키며 가르침을 전개하고 있다. 이 보살의 집단으로 등장하는 것이 보살승가이며 이 말은 보살중, 보살승 등으로 번역된다. 이 말은 한역으로 전승된 대승경전에서는 경우에 따라 생략되기도 하지만 대부분의 범어원문에서는 보살승가의 명칭이 등장한다. 한역에는 없지만 범어원문에 보살승가의 명칭이 등장하는 대표적인 예로서《반야심경》과《금강경》을 들 수 있다.

동아시아에서 가장 잘 알려진《반야심경》은 중국의 현장이 번역한 소본小本《반야심경》이다. 이 소본은 그 시작이 "관자재보살 행심반야바라밀다시觀自在菩薩行深般若波羅蜜多時……"으로 시작되어 전통적인 경전의 체제가 나타나지 않지만, 그것의 다른 전승인 대본大本《반야심경》의 한역본에서는 '여시아문'으로 시작되어 《아함경》 이래의 전통적인 경전체제를 따르고 있다. 이 대본 《반야심경》은 범어원본도 남아있는 것은 물론 한역도 5종이 전해진다. 이 대본 《반야심경》의 범본에 의하면 《반야심경》이 설해지는 부처님의 설법좌說法座에 '대비구승가'와 '대보살승가'가 함께 자리하고 있음을 알 수 있다. 곧 범본은 다음과 같이 표현되어 있다.

> evaṁ mayā śrutam. ekasmin samaye bhagavān rājagṛhe viharati sma gṛdhrakūṭe parvate <u>mahatā bhikṣusaṁghena sārdhaṁ mahatā ca bodhisattvasaṁghena</u>. tena khalu samayena bhagavān gambhīrāvasaṁbhodhaṁ nāma samādhiṁ samāpannaḥ. tena ca samayena āryāvalokiteśvaro bodhisattvo mahāsattvo gambhīrāyāṁ prajñāpāramītāyāṁ caryāṁ caramāṇaḥ evaṁ vyavalokayati sma. pañca skandhāṁs tāṁs ca svabhāva śūnyaṁ vyavalokayati.[Buddhist Sanskrit Texts No.17 Edited by Dr. P.L.Vaidya,(7. Prajñāpāramītāhṛdayasūtram)]

이와 같이 나는 들었다. 한 때 세존께서 왕사성 영취산에서 <u>大比丘僧伽</u>와 <u>大菩薩僧伽</u>와 함께 계셨다. 그 때 세존께서는 광대심심이라는 삼매에 들어 계셨다. 그때 성관자재 보살마하살께서 깊은 반야바라밀다의 상태에 있으면서 이와 같이 보고 계셨다. 즉 그 오온들이 자성이 공한 것을 보고 계셨다.

이렇게 범본에는 대비구승가와 대보살승가가 등장하며 여기에서 '대보살승가'의 대표가 관자재보살이며, 이 관자재보살이 대비구승가의 대표인 사리불에게 가르침을 전하고 있다. 이렇게 대본 《반야심경》에 나타나는 보살의 집단을 표현하는 '대보살승가'라는 명칭은 한역에서는 보살중菩薩衆: 大正藏 No.253, 대보살중大菩薩衆: 大正藏 No.254, 제보살마하살諸菩薩摩訶薩: 大正藏 No.255, 제보살마하살중諸菩薩摩訶薩衆: 大正藏 No.257 등으로 표현되고 있다.

한국에서는 물론 동아시아 불교계에 중요한 위상을 차지하는 《금강경》에서도 보살의 집단이 등장한다. 그렇지만 한역경전으로서 중요한 역할을 담당하는 구마라집鳩摩羅什의 한역본大正藏 No.235에는 그러한 보살의 집단이 나타나지 않고 단지 '여대비구중천이백오십인구與大比丘衆千二百五十人俱: 大正藏 8卷 p.748下'라 하여 비구의 집단만이 나타난다. 그렇지만 범어원문을 보면 1,250인의 대비구승가 외에 '보살마하살'이 함께 있음을 알 수 있다. 이 범어원문을 정확히 번역한 의정義淨의 한역大正藏 No.239에는 '여대필추중천이백오십인구급대보살중與大必芻衆千二百五十人俱及大菩薩衆'으로 번역되어 있고 이것의 범어원문에도 '보살중'의 무리가 등장하고 있음을 알 수 있다. 원문은 다음과 같다.

mahatā bhikṣusaṁghena sārdhaṁ trayodaśabhir bhikṣuśataiḥ saṁbahulaiś ca bodhisattvair mahāsattvaiḥ.이기영 역해, 《금강경》, 한국불교연구원, 1997

이와같이 부처님의 설법전에 비구의 무리와 동등하게 보살의 집단이 등장하고 있는 것은 대부분의 대승경전에 동일하게 나타난다. 반야경전 가운데 최초의 것으로 간주되는 《도행반야경》大正藏 8卷, No.224에서도

보살불교의 성격

"불재나열기기사굴산중 마하비구승불가계 제제자사리블 수보리등 마하살보살무앙수 미륵보살 문수사리보살등佛在羅閱祇耆闍崛山中 摩訶比丘僧不可計 諸弟子舍利弗 須菩提等 摩訶薩菩薩無央數 彌勒菩薩 文殊師利菩薩等"大正藏 8卷 p.425.下으로, 비구승과 보살의 집단이 동등하게 나타난다. 이렇게 대승경전에서는 비구와 보살이 동등하게 나타난 경우 외에 보살이 비구니, 우바새, 우바이 등의 다른 집단과 함께 자리를 하는 경우도 나타난다.《大品般若經》등 또《화엄경》에서는 보살이 금강역사金剛力士, 도량신道場神, 용신龍神, 지신地神 등 무수한 신중들이 함께 등장하는 경우도 있다.60권본《화엄경》등 이렇게 보살이 다양한 중생의 무리들과 함께 부처님의 설법좌에 등장하는 것이 대승경전의 특색이라고 할 수 있으며, 또 대승경전에서는 이렇게 등장하는 보살의 집단에 대해 그 성격을 드러내 보이기도 한다. 그러한 성격을 설명하는 대표적인 예로서《대품반야경》大正藏 8卷, No.223에서는 보살의 집단을 거론한 뒤 그들이 모두 "다라니와 삼매를 얻고, 공, 무상, 무작을 행하며, 이미 등인을 얻고, 무해다라니와 오통을 얻고 말에는 반드시 신수가 있으며, 또 해태함이 없다復有菩薩摩訶薩 皆得陀羅尼及諸三昧行 空 無相 無作 已得等忍 得無閡陀羅尼 悉是五通 言必信受無復懈怠"大正藏 8卷 p.217上中고 하여 보살 집단의 성격을 밝히고 있다. 이렇게 보살 집단에 대한 성격을 밝히고 있는 것은 대승경전을 만든 대승불교도의 정체성을 드러낸 것으로 대승불교를 규명하는 중요한 단서가 되고 있다. 아울러 그러한 보살집단의 성격과 함께 등장하는 다양한 대승보살의 이름들도 당시 대승불교도의 모습을 찾는 단서가 되리라 생각된다.

　　　이와 같이 보살승가 즉 보살중이라는 말과 그 성격을 지칭하는 표현은 앞서 반야경전이나 화엄경전 외에도 법화경전·정토경전 등 초기 대승경전 전체에 걸쳐 나타나나고 있다. 그리고 재가보살의 전형을 보여주는《유마경》大正藏 14卷, No.475에서도 보살중의 존재가 등장한다. 이렇듯 대승경전에서는 보살중을 통해 대승불교의 정체성을 드러내며, 이 보살중이 기존의 비구승가와 동등한 위상을 가지고 있음을 보임으로써 대승불교의 위상을 굳건히 하고자 한 것이라 생각된다. 그러면 이 보살중이 구체적으로 어떠한 모습을 하고 있었는지 다음절에서 보기로 한다.

보살불교의 성격

02

보살승가의 실태

　　초기대승경전에서 나타나듯 보살의 집단은 다른 비구·비구니의 집단 등과 달리 등장하고 있다. 이것은 대승경전을 만든 대승불교도의 입장에서는 당연한 것이라 생각되지만, 전통적인 경전의 형태에서 보면 파격적인 것이라 할 수 있다. 곧 새로운 불교운동으로서 등장한 대승운동이 불전결집 이래 전승되어온 불교경전의 전통적인 체제를 바꾼 것은 물론, 새롭게 등장한 대승경전이 내용상 전통적인 불교경전과 어깨를 나란히 하게 된 것이다. 곧 대승경전은 경전 자체에 보살의 집단 즉 보살중의 성격을 분명히 드러내며 전통적인 비구승가와 동등한 입장에 있음을 나타내고자 하였다. 이렇게 대승보살의 실태를 보이는 경전 가운데는 보살중의 성격을 좀 더 세밀하고 구체적으로 알려주는 경론이 있다. 그러한 경전 가운데 대표적인 것으로 《보살본업경菩薩本業經》과 《욱가장자경郁伽長者經》 등을 들 수 있다.平川彰 〈第一章 初期大乘敎團の組織〉《初期大乘佛敎の硏究 II》平川彰著作集 第4卷, 春秋社, 1990, pp.80-84 참조 지겸支謙 역의 《보살본업경》은 60권본, 80권본 《화엄경》의 〈정행품淨行品〉에 해당하는 것으로, 초기 대승불교의 보살의 다양한 활동을 게송으로 나타내고 있다. 《욱가장자경》은 《아함경》에 나타나는 욱가장자의 삶을 대승의 입장에서 새롭게 편찬한 것으로, 축

법호竺法護 역의 《욱가라월문보살행경郁迦羅越問菩薩行經》을 비롯 동본이역의 《법경경法鏡經》, 《대보적경》의 〈욱가장자회〉 등을 총칭하여 부르는 명칭이다. 여기에서는 《법경경》大正藏 12卷, No.322과 《욱가라월문보살행경》大正藏 12卷, No.323을 중심으로 대승 보살중의 구체적인 면모를 살펴보기로 한다.

먼저 《욱가장자경》 등에 의하면 대승의 보살은 재가보살과 출가보살로 구분된다. 곧 재가보살과 출가보살을 총칭하여 보살이라 부르고 있다. 여기에서 재가의 보살은 삼보에 귀의하는 것을 시작으로 5계를 수지하고, 6바라밀을 실천하며, 3품에 의거한 수행을 거행하며, 8재계를 닦고 있다. 5계는 일반적으로 재가의 삶 속에서 지켜야 하는 계율로서 설명되는데 비해, 6바라밀 이하 3품과 8재의 계율은 재가 생활을 떠나 출가생활을 지향하는 입장에서 서술된다. 특히 3품으로 설명되는 참회懺悔·수회隨喜·권청勸請의 셋은 대승불교 독자의 행법으로 간주되어, 곧 부처님 전에 과거의 악업을 참회함으로써 마음을 정화하고, 이어서 제불에게 설법을 권청하고, 타인의 선한 일을 함께 기뻐하며 도움으로써 그것들에 의해 얻어지는 복덕을 일체중생에게 회향하고 있다. 이렇게 공덕을 회향하는 것으로부터 나아가 8재계를 닦음으로써 사문沙門의 행을 닦게 되는 것이다. 8재계는 매월 6재일과 삼기일三忌日에 여덟 가지의 계율을 하루 낮과 밤을 통해 지키는 것이다. 특히 8재계는 재가의 삶 속에서 지키기 쉽지 않은 것들이 있어 사원에 들어가 비구들로부터 계를 받고 지키는 것이 일반적이다. 이렇게 실질적으로 계율을 지키기 위해 재가의 보살은 탑사塔寺에 들어가며, 거기에서 출가보살로부터 계율을 받고 수행에 임하는 것이다. 《욱가장가경》을 비롯해 여타 대승의 전적에서 출가보살은 탑사에 거주하

보살불교의 성격

며, 재가보살의 존경을 받는 존재로 나타나고 있다. 그리고 탑사에 거주하는 출가보살은 각각 그 역할과 행법을 행하는데 《법경경》大正藏 12卷 p.19上中과 《욱가라월문보살행경》大正藏 12卷 p.27上에 나타나는 출가보살의 역할과 행법을 정리하면 다음과 같다.

	1	2	3	4	5	6
《법경경》	多聞	明經者	奉律者	奉使者	開士奉藏者	山澤者
《욱가라월문보살행경》	多智者	解法者	持律者	住法者	持菩薩品者	閑居行者

7	8	9	10	11	12	13	14
行受供者	思惟者	道行者	開士道者	佐助者	主事者		
分衛者	服五納衣者	知止足者	獨行者	坐禪者	大乘者	精進者	典寺者

여기에서 《법경경》의 1~4에 해당하는 넷은 부파불교 이래 승가에서 불타의 교법을 전승하는 부류인 경사經師, suttantika·지율사持律師, vinayadhara·설법사說法師, dhamma-kathika·지법사持法師, dhammadhara와 일치하는 것이라 생각된다.《印度佛教의 歷史 上》平川彰 저, 이호근 역, 민족사, 1989, p.91 곧 다문이란 경사經師에, 명경자는 설법사說法師에, 봉율자는 지율사持律師에, 봉사자는 지법사持法師에 해당한다고 할 수 있다. 여기에서 《법경경》의 네 번째 용어인 봉사자란 말이 약간 명확치 않지만, 《욱가라월문보살행경》의 주법자에 해당하는 까닭에 교법을 전승하는 자로서 지법사로 간주해도 좋

을 것 같다. 그리고《법경경》의 다섯 번째인 개사봉장자는 보살장菩薩藏을 전지傳持하는 부류로서 즉《욱가라월문보살행경》의 지보살품자인 곧 대승의 가르침을 전승하는 자들을 지칭한다. 여섯 번째의 산택자 곧 한거행자란 인적이 드문 삼림 속의 주처 즉 아련야阿練若에 거주하는 자를 가리키며, 일곱 번째인 행수공자는 걸식하는 자, 여덟 번째인 사유자는 독행자 또는 독처자, 아홉 번째인 도행자는 좌선자 또는 수행자를 가리킨다.《법경경》에서 말하는 6~9까지의 출가보살은 고행을 행하는 수행자를 가리킨다. 이것은 나가르주나의《십주비바사론》에서는 12두타頭陀를 행하는 자에 해당한다.《법경경》의 열번째 개사도자는《욱가라월문보살행경》의 대승자에 해당하며, 열한 번째인 좌조자와 열두 번째인 주사자는 사원을 수선하고 보조하는 자 그리고 사원의 주요한 일을 담당하는 자란 뜻으로 이 둘은《욱가라월문보살행경》의 전사자에 해당하는 것으로 생각된다. 곧 탑사를 운영하고 경영하는 소임의 보살이다.

　　이와 같이 출가보살의 역할과 구성을 살펴보면 탑사에서 구체적인 역할을 담당하는 보살 외에 탑사를 떠나 아련야 등의 주처에서 고행을 행하는 보살들로 나누어짐을 알 수 있다. 그렇지만 이렇게 탑사와 아련야 등과 같이 주처住處가 다르다 해도 이들 출가보살은 주처를 적절히 교류하며, 상황에 따라 주처를 달리하고 교류하였다고 생각된다. 이러한 탑사와 아련야에 머무는 보살의 역할과 행법에 대해서는 나가르주나의《십주비바사론》에 보다 상세히 설명되어 나타나는 까닭에 다음절에서 그것을 살펴보기로 한다.

보살불교의 성격

03

출가·재가보살

　　대승불교도에 의해 만들어진 대승경전은 양적인 면에서도 방대하며 내용상에서도 다양하다. 초기의 대표적인 대승경전들로는 반야경전, 화엄경전, 법화경전, 정토경전 등을 들 수 있지만, 이들 경전이 같은 지역에서 동일한 사람들에 만들어졌다고 보기는 어려울 것 같다. 왜냐하면 각각의 경전이 보여주는 무대나 성격 그리고 의도하는 목적이 각기 다르고, 더욱이 그 경전들은 오랜 기간에 걸쳐 만들어졌다고 생각될 정도로 다양하고 방대하기 때문이다. 그렇지만 경전의 형식은 《아함경》 이래의 여시아문의 체제를 따르더라도 등장인물로는 보살의 집단이 등장하고 있어, 대승경전에는 대승에 대한 자각과 분명한 목적의식이 반영되어 있다고 생각된다. 대승불교의 최초의 사상가라 할 수 있는 나가르주나도 이렇게 각기 다른 성격을 가진 대승경전들이 동일한 대승에 대한 의식을 가지고 있다는 것을 분명히 밝히고 있다.

　　나가르주나Nāgārjuna, 龍樹, ca. 150-250는 대승불교의 사상적 체계를 세운 최초의 논사로서 특히 동아시아 불교에서는 8종의 조사로 추앙되는 인물이다. 그는 대승경전에 대한 주석을 통해 대승불교의 이념을 밝힌 것은 물론 《근본중송》,《공칠십론》,《회쟁론》 등과 같은 저술을 통해 대승불교의 철학적 위상을 드러내었다. 이처럼 불교역사상 중요한 위상을 차지하는 나가르주나도 그의 《대지도론》과 《십주비바사론》에서 보살중에 대한 해석을 통해 대승 보살의 위상을 분명히 밝히고 있다. 이미 제4장에서도 살펴본 바와 같이 그는 《대지도론》大正藏 25卷, No.1509에서 비구승가와 달리 보살승가 즉 보살중을 따로 세우고 있는 것에 대해 그는 성문도와 보살도가 따로 있다고 말한 뒤, 성문도를 따르는 사부대중과 보살에 대한 차이를 밝히고 있다. 곧 나가르주나는 보살은 재가보살과 출가보살로 구분되며, 재가보살에는 사부대중의 우바새, 우바이가, 출가보살에는 비구, 비구니의 무리가 포함되는데 각기 사부대중과 보살을 따로 구분하는 것에 대해 다음과 같이 말하고 있다.

> 보살은 반드시 네 무리에 속하지만, 네 무리는 보살에 속하지 않는 이가 있다. 어떤 자인가. 성문인 사람과 벽지불인 사람과 하늘에 태어나길 구하는 사람과 스스로 삶을 즐기어 구하는 사람이 있어 이 네 부류는 보살의 무리에 속하지 않는다. 무슨 까닭인가. 이 사람들은 "나는 부처를 이루리라"고 발원하지 않기 때문이다.*

이렇게 나가르주나는 보살에 속할 수 없는 네 부류와 그것에 대한 이유로서 '아당작불我當作佛'의 원願을 일으키지 않는다는 것을 분명히 밝히고 있다. 또 이와 더불어 대승경전에서 성문대중 이외에 보살중이 등장

---

* 何以故是菩薩必墮四衆中 有四衆不墮菩薩中 何者是 有聲聞人辟支佛人 有求生天人 有求樂自活人 此四種人不墮菩薩中 何以故 是人不發心言我當作佛故(大正藏 25卷 p.85上中)

보살불교의 성격

하는 이유에 대해서도 나가르주나는 성문승과 불승을 드러내기 위함이라고 말한 뒤 "성문승은 협소하고 불승은 광대하며, 성문승은 자기를 이롭게 하고 자기를 위하고, 불승은 모두를 이익되게 한다. 또 성문승은 중생이 공空함을 많이 말하고 불승은 중생과 법이 공함을 함께 말한다."大正藏 25권 85中라고 함으로써 대승의 근거를 밝히고 있다. 곧 대승은 기존의 성문승과 달리 일체의 중생을 이롭게 하는 불타의 참된 가르침이라는 뜻을 분명히 드러내고 있다. 이와 같이 나가르주나는 대승경전에 대한 주석에서 대승의 보살중에 대해 그 위상을 분명히 밝히며, 또한《십주비바사론》에서는 보살중의 구체적인 모습을 밝히고 있다.

《십주비바사론》大正藏 26卷, No.1521은 대승보살의 수행실천을 전해주는 십지의 체계에 대해 나가르주나가 설명하고 해석한 것이다. 그렇지만 실제 내용에서는 10지 전체가 아니라 환희지와 이구지의 2지만이 설명되어 나타난다. 그렇지만 내용상으로는 2지에 대한 설명만으로 재가보살과 출가보살의 수행실천에 대한 설명이 전부 이루어지고 있다고 할 수 있다. 이《십주비바사론》의 특징으로서는 전체 35품 가운데 재가보살과 출가보살이 동시에 수행 실천하는 '공행共行'의 품이 개설되어 있는 것이다. 앞서《욱가장자경》에서 보았던 것과 같이 재가보살의 실천과 출가보살의 실천이 이《십주비바사론》에서 보다 상세하고 구체적으로 나타나지만, 공행의 실천은 여기에서만 나타난다.

곧 재가보살은 삼귀의, 육바라밀 등을 행하더라도 집에 머무는 것이 과환過患인 것을 늘 생각하고 출가하는 마음을 가져야 한다. 그리고 집을 떠나고자하는 마음을 가진 재가보살은 탑사에 이르러 출가보살을 봉양하여야 한다. 이와 같이 재가보살의 실천과 마음자세를 설한 뒤《십주비바사론》은 재가와 출가의 보살이 함께 지켜야 할 공행의 법 열아홉 가지를 설한다. 곧 ①인욕忍辱 ②법시法施 ③법의 지혜[法忍] ④생각[思惟] ⑤굽지 않은 법[不曲法] ⑥법을 존중함[尊重法] ⑦법을 방해하지 아니함[不障法] ⑧법을 공양함[供養法] ⑨믿고 앎[信解] ⑩공을 닦음[修空] ⑪탐내고 시샘하지 않음[不貪嫉] ⑫말한대로 함[隨所說行] ⑬등불의 보시[燈明施] ⑭풍류의 보시[伎樂施] ⑮탈 것의 보시[乘施] ⑯바른 서원[正願] ⑰거두어주는 법[攝法] ⑱중생의 이익과 편안함을 헤아림[思量利安衆生] ⑲일체에 평등한 마음을 지님[等心於一切 此是在家出家共行要法]이다.大正藏 26卷 p.64上 이러한 공행법은 재가·출가의 모든 보살이 지켜야 할 법이며,《십주비사사론》에서만 볼 수 있는 특징이기도 하다.

출가보살과 관련된 제2지에서는 십선법으로 대표되는 계율에 대해 상세한 설명이 이루어진 뒤, 이 계율의 힘에 의해 공덕의 힘을 갖춘 출가보살이 12두타를 행할 수 있는 능력을 갖춘다고 말하고 있다. 앞서《법경경》의 설명에서 보았듯 출가보살 가운데 탑사에 거주하는 보살과 아련야 등에 머물며 수행하는 보살이 나타나지만, 이《십주비바사론》에서도 탑사나 아련야에 머무는 출가보살이 등장한다.《십주비바사론》에서는 이 출가의 보살을 22종으로 구분하며, 그 중 12두타의 고행을 실천하는 출가보살을 거론하고 있다. 여기에서 22종이란 ①법을 말씀하는 이[說法者]와 ②계율을 지니게 되는 이[所持律者]와 ③수트라를 읽는 이[讀修多羅者]와 ④마다가라[論書]를 읽는 이[讀摩多羅迦者]와 ⑤보살장을 읽는 이[讀菩薩藏者]와 ⑥아련야를 짓는 이[作阿練若者]와 ⑦누더기를 입는 이[著納衣者]와 ⑧걸식을 하는 이[乞食者]와 ⑨한 끼를 먹는 이[一食者]와 ⑩언제나 앉아 있는 이[常坐者]와 ⑪한 낮이 지나면 물을 마시지 않는 이[過中不飲漿者]와 ⑫세 가지 옷만을 가진 이[但三衣者]와 ⑬베옷을 입는 이[著褐衣者]와 ⑭그대로 앉아 있는 이[隨敷坐者]와 ⑮나무 아래 있는 이[在樹下者]와 ⑯무덤사이에 있는 이[在塚間者]와 ⑰빈 땅에 있는 이[在空地者]와 ⑱욕심이 적은 이[少欲者]와 ⑲만족할 줄 아는 이[知足者]와 ⑳멀리 여읜 이[遠離者]와 ㉑좌선하는 이[坐禪者]며 ㉒권유하여 교화시키는 이[權化者]를 가리킨다.大正藏 26卷 p.63上 이 중1~5의 다섯과 뒤의 18~22의 다섯을 제외한 나머지가 12두타로 간주되는 것이다. 이 12두타란 성문승의 계율에서도 빠져있을 정도로 일반 비구들도 행하기 어려운 엄격한 수행법으로 간주된 것으로, 대승의 출가보살은 성문의 비구 이상으로 수행에 철저하였던 것을 보여준다. 이 22종의 출가보살의 역할은 탑사에 거주하는 비구로서 출가보살과 탑사를 떠나 아련야 등에서 철저히 고행하는 출가보살 모두를 포함한다. 그리고 이 대승의 출가보살은 앞서 《법경경》에서도 보았듯 탑사에 머무는 경우와 12두타와 같은 고행을 실천하는 두 부류의 보살이 상호공존하며 상황과 그 역할에 따라 주처를 적절히 달리 하였다고 생각된다.

출가보살의 12두타

1. 아련야주阿練若住

　　아련야란 āraṇya의 음역어로서, 공한空閑이라 번역된다. 곧 인적이 드
문 산속의 장소로서 좌선을 할 수 있는 곳을 가리킨다. 《십주비바사론》은
이 아련야에 머무는 것에 열 가지 이득이 있다고 말하며, 질병의 경우나
법을 묻고 교화를 위한 경우에는 아련야를 떠나 탑사에 들어간다고 말하
고 있다. 아련야에 머무는 것에 대한 열가지의 이득이란 ①자재하게 오고
가는 것 ②나[我]가 없고 내 것이 없는 것 ③뜻을 따라 사는데 장애가 없는
것 ④마음으로 아련야를 즐거워하는 것 ⑤사는데 욕심이 적고 일이 적은
것 ⑥몸과 목숨을 아끼지 않는 것이 공덕을 완전히 갖추는 것 ⑦모든 소란
스런 말을 멀리 여의는 것 ⑧공덕을 행하더라도 은혜갚음을 구하지 않는
것 ⑨선정을 따르면 한 마음을 얻기 쉬운 것 ⑩빈곳에 살면 장애가 없다는
생각을 내기 쉬운 것이다.한글대장경《十住毘婆沙論》p.403 이렇게 열가지 이득이
있기에 출가보살은 아련야에 머물러 수행을 행하는 것이지만, 앞서 말한
질병이나 법을 듣고 교화를 위하는 경우에는 탑사에 들어가기도 한다. 탑
사에서는 불탑이나 불상 등이 모셔져 있고 재가보살을 교화하는 경우도
있지만, 출가보살의 주된 수행처는 아련야로서 특별한 경우가 아니면 아

련야에 머물러야 하는 것이다. 그리고 이 아련야에 머무는 출가보살은 생각이 산란치 않으며, 모든 다라니를 얻으며, 자심慈心을 행하고, 비심悲心을 행하는 등의 34가지 마음이 생겨나는 것을 밝히고 있다.앞의 책, p.405

2. 착납의著納衣

납의를 입는다는 것은 분소의糞掃衣를 입는 것을 말한다. 분소의란 사람이 죽은 시체를 덮은 옷감으로, 이것을 주워 세탁하고 볕에 말려 염색하여 만든 옷을 가리킨다. 대승의 출가보살은 길거리에 떨어져 있는 이러한 옷감을 주워 옷으로 사용하였던 것이다. 하지만 《십주비바사론》에서는 출가보살이 입는 옷에 대해 분소의 외에 거사의居士衣와 다른 6종의 옷은 입어도 된다고 말하고 있다. 거사의란 거사로부터 보시 받은 옷이란 의미로, 곧 분소의와 거사의는 출가보살의 옷임을 나타내고 있다.

6종의 옷으로는 겁패, 추마, 교사야, 취의, 적마, 백마 등이다. 첫째 겁패劫貝는 karpāsa의 음역어로 목면木綿으로 만든 옷이며, 둘째 추마芻摩는 kṣauma의 음역어로 아마亞摩로 만든 옷, 셋째 교사야憍奢耶는 kauśeya의 음역어로서 견絹으로 만든 옷, 넷째 취의氍衣는 kambala로서 모毛로 만든 옷, 다섯째와 여섯째의 적마赤麻와 백마白麻는 śāṇa大麻와 bhaṅga麻로 만든 옷을 말한다. 이것들은 옷감의 재료를 가리키는 것으로 출가보살이 착용할 수 있는 옷감을 말한다.

대승의 출가보살이 2~6종의 옷을 입는 것에 대하여 다음과 같은 열 가지의 이득이 있다 한다. ①부끄러운 까닭이며, ②추위·더위·모기·등에·독충을 막기 위한 까닭이며, ③사문으로서의 거동과 법을 나타내려는 까닭이며, ④모든 하늘과 사람들이 법의를 보고 공경하고 존중함이 마치

탑과 절과 같게 하려는 까닭이며, ⑤싫증내고 여의는 마음으로 옷을 입고 좋은 것을 탐내지 않으려는 까닭이며, ⑥적멸寂滅을 따름으로 번뇌가 타오르지 않게 하려는 까닭이며, ⑦법의法衣를 입고 나쁜 짓을 하면 쉽게 드러나게 하려는 까닭이며, ⑧법의를 입고 다시 다른 것으로 장엄하지 않게 하려는 까닭이며, ⑨법의를 입고 8성도의 길을 따르려는 까닭이며, ⑩도를 행하고 더러움에 물든 마음을 없애려면 잠시라도 색이 바랜 옷을 입어야 하는 까닭이라고 말하고 있다.앞의 책, p.402 《십주비바사론》은 다른 곳에서도 분소의를 입는 것의 열 가지 이득을 전하고 있다.앞의 책, p.414

3. 상걸식常乞食

걸식이란 음식을 구함에 있어 타인에게서 받는 것으로, 타인이 음식공양을 청하는 청식請食과 대비되는 말이다. 이 상걸식계는 전통적인 비구의 250계에 포함되지 않을 정도로 엄격한 규칙으로 간주된 것으로, 대승의 출가보살은 전통적인 승가의 규칙 이상으로 엄격한 규칙을 취하고 있었다. 《십주비바사론》은 열 가지 이익이 있는 것을 봄으로써 목숨이 다하도록 걸식한다고 말하는데, 열 가지 이득으로는 ①쓰이는 바와 목숨을 살리는 것은 자신에게 달렸지 남에게 달리지 않았음이며, ②중생으로 나에게 밥을 보시한 이에게는 삼보에 머무르게 한 후 먹겠다는 것이며, ③보시한 이에게 가엾이 여기는 마음을 내며 부지런히 힘써 행하여 보시에 잘 머무르게 한 뒤 먹겠다고 함이며, ④부처님이 가르친 행을 따르는 까닭이며, ⑤배부르기 쉽고 기르기 쉬움이며, ⑥행에 교만을 깨뜨리는 법이요, ⑦그보다 더 위의 선근은 볼 수 없음이요, ⑧나의 걸식을 보고 착한 법을 닦는 이가 있으면 나를 본받게 함이며, ⑨남녀가 함께 하지 않으면서도 여러 인연의 일이 있음이요, ⑩차례로 걸식하는 까닭에 중생에게 평등한 마음을 내며 일체종지를 심고 돕는 까닭이라고 말하고 있다.앞의 책, pp.402-40

4. 일좌식一坐食

일좌식이란 한 번 앉아서 식사를 하면 그 식사가 끝난 뒤 그날은 다시 식사를 하지 않는 것을 말한다. 일반적으로 비구는 정오까지 식사를 하고 그 이후에는 식사를 하지 않아 정오 이후를 비시非時라 한다. 따라서 다음날 아침 날이 밝으면 식사를 하는데 오전의 걸식을 통한 식사 이전의 식사를 소식小食, 그리고 정식의 식사를 대식大食이라 한다. 일좌식을 지키는 출가보살은 오전의 정식인 대식이외에 소식은 일절 하지 않는 것이다. 한 번 식사 외에는 다른 음식을 일절 입에 대지 않는 것이다.《십주비바사론》은 이 일좌식에는 ①다음에 먹을 것을 구하는 고달픔이 없으며, ②받는 것에 대해 가벼우며, ③쓸 것에 대한 고달픔이 없으며, ④밥 먹기 전에 고달픔이 없으며, ⑤미세한 행의 법에 들어 있는 것이며, ⑥밥이 완전히 소화된 뒤 먹으며, ⑦방해되는 근심이 적으며, ⑧질병이 적으며, ⑨몸이 가뿐하며, ⑩몸이 상쾌하고 즐겁다는 열 가지 이득이 있다고 말하고 있다.앞의 책, p.414

5. 상좌常坐

언제나 앉아 있고, 밤에도 눕지 않는다는 것이다. 밤이라도 좌선을 했던 상태대로 휴식을 취하며 앉은 그대로 자는 것이다.《십주비바사론》은 이 상좌에 ①몸의 즐거움을 탐내지 않고, ②잠의 즐거움을 탐내지 않고, ③침구의 즐거움을 탐내지 않고, ④누울 때 겨드랑이가 자리에 닿게 되는 고통이 없으며, ⑤몸의 욕심을 따르지 않으며, ⑥좌선을 하기 쉬우며, ⑦경전을 읽고 외우기 쉬우며, ⑧잠이 적으며, ⑨몸이 가벼워 일으키기 쉬우며, ⑩방석이나 침구 의복을 구하고자 하는 마음이 없다는 등 열 가지 이득이 있다고 설한다.앞의 책, p.414

6. 과중불음장過中不飮漿

과중불음장은 식후불수비시음식食後不受非時飮食이라고도 하여, 식후 즉 정오까지는 식사를 하지만 정오를 넘기면 어떠한 음식도 먹지 않는 것을 말한다. 성문의 계율에는 정오가 지난 뒤 식사는 금지되더라도 과일즙 등을 마실 수 있었지만, 대승의 출가보살은 일체의 음식을 입에 대지 않는 것을 말한다.《십주비바사론》에서는 이에 대해 ①많이 먹지 않고, ②먹음이 가득차지 않으며, ③맛있는 음식을 탐하지 않으며, ④구하는 바 욕심이 적으며, ⑤방해되는 근심이 적으며, ⑥질병이 적고, ⑦만족하기 쉬우며, ⑧기르기가 쉬우며, ⑨족한 줄을 알며, ⑩좌선하며 경전을 읽는데 몸이 피곤하지 않다는 열 가지 이득을 설하고 있다.앞의 책, pp.414-415

7. 단삼의但三衣

삼의三衣란 외의外衣인 승가리僧伽梨, 상의上衣인 울다라승鬱多羅僧, 내의內衣인 안타회安陀會를 말하며, 이 세 가지 옷만으로 1년을 지낸다는 의미이다. 일반적으로 비구들은 이 3의만 소유하고 여분의 옷은 지녀서는 안된다는 규칙이 있지만, 실제로는 2~3벌의 3의를 소유하고 있었다. 이러한 여분의 옷을 일체 지니지 않고 단지 3의만을 지니는 것이 출가보살의 행법이다. 이 3의를 지니는 것에 대해서도《십주비바사론》은 ①세 가지 옷

보살불교의 성격

외에 구하고 받겠다는 고달픔이 없으며, ②수호하는 데 고달픔이 없으며, ③저축할 물건이 적으며, ④몸에 입는 것만으로 만족하게 되며, ⑤계행이 미세하게 되며, ⑥가고 오는데 성가심이 없으며, ⑦몸이 가벼우며, ⑧아련야 처소에 머무는 법을 따르며, ⑨어느 곳에 살면서도 섭섭한 바가 없으며, ⑩도의 행을 따른다는 열 가지의 이득을 설하고 있다._{앞의 책, p.415}

8. 착갈의^{著褐衣}

갈의는 취의^{毳衣}라고도 하며 양털로 만든 두꺼운 옷을 말한다. 이 양털로 만든 옷은 추운 곳에서는 유용하지만, 더위가 심한 곳에서는 적당치 않은 옷이다. 무더운 중인도 지역에서 이러한 양털옷은 입는 것 자체가 고행인 셈이다. 이 양털옷을 입는 것에 대해《십주비바사론》은 ①거친 옷의 숫자에 있으며, ②구하는 바가 적고, ③뜻대로 앉을 수 있고, ④뜻대로 누울 수 있으며, ⑤빨래하기 쉽고, ⑥ 물들이기 쉽고, ⑦좀이 스는 일이 적으며, ⑧잘 헤지지 않으며, ⑨다른 옷을 받지 않으며, ⑩구하는 도를 멈추지 않는다는 열 가지 이득을 거론하고 있다._{앞의 책, p.415}

9. 수부좌^{隨敷坐}

수부좌란 정사^{精舍}에서 잠을 잘 때 분배된 잠자리에 만족하는 것을 말한다. 정사에서 잠을 자는 경우 법랍의 순서에 따라 차례대로 잠자리를 분배받지만, 분배된 뒤 법랍이 높은 장로가 오게 되는 경우 다시 분배하는 것이 보통이었다. 수부좌란 다시 분배하여 모두가 귀찮게 되는 경우를 방지하여 주어진 자리에서 자리를 펴고 잠을 청하는 것으로, 참고 견딘다는 것이다.《십주비바사론》은 ①좋은 정사를 구하여 살려는 고달픔이 없으며, ②좋은 방석과 침구를 구하려는 고달픔이 없으며, ③상좌上座를 괴롭히지 아니하며, ④하좌下座에게 근심되지 않으며, ⑤욕심이 적으며, ⑥일이 적으며, ⑦얻는 그대로 사용하며, ⑧적게 사용하면 일이 적으며, ⑨다툼의 인연이 일어나지 않으며, ⑩남이 쓰는 것을 빼앗지 않는다는 열 가지 이득을 설하고 있다.앞의 책, p.415

10. 재수하在樹下

이것은 정사에서 자지 않고 나무 밑에서 자는 것을 말한다. 이것은 기온이 잘 맞을 때는 특별히 문제가 없지만, 우기雨期나 날씨가 추울 때는 큰 고통이 따르는 것이다. 곧 외부의 조건 여하에 상관없이 나무 밑에 머무는 것으로서 고통이 동반되는 것이다. 이것에 대해《십주비바사론》은 ①방과 집을 구하는 수고가 없고, ②방석과 침구를 구하려는 수고가 없고, ③아껴야 한다는 수고가 없고, ④받아쓰는 수고가 없고, ⑤처소의 이름이 없으며, ⑥싸울 일이 없으며, ⑦네 가지 의지처의 법을 따르며, ⑧적으면서 얻기 쉽고 허물이 없으며, ⑨도를 닦는 법을 따르며, ⑩시끄러운 행이 없다는 열 가지 이득을 설하고 있다.앞의 책, p.415

11. 재총간자在塚間者

총간이란 묘지를 의미하여 죽은 시체를 묻은 곳을 말한다. 따라서 재총간자란 묘지를 숙소로 한다는 말로, 묘지에 묻힌 시체 등을 관상하여 무상을 관하는 부정관不淨觀을 닦는 것을 의미한다. 이것에 대해《십주비바사론》은 ①언제나 무상하다는 생각을 하며, ②언제나 죽는다는 생각을 하며, ③언제나 깨끗하지 못하다는 생각을 하며, ④온갖 세간에 즐거울 만한 것이 없다는 생각을 하며, ⑤사랑하는 사람을 멀리 여읠 수 있으며, ⑥ 언제나 가엾이 여기는 마음을 낼 수 있으며, ⑦실없음을 멀리 여의며, ⑧ 마음으로 언제나 싫어함을 내어 여의며, ⑨부지런히 행하고 힘써 나아가며, ⑩두려움을 없앨 수 있다는 열 가지 이득을 설하고 있다._{앞의 책, p.415}

12. 재공지 在空地

노지주露地住라고도 하며, 정사나 나무 밑에도 머물지 않고 맨땅에 눕는 것을 말한다. 수하주보다도 더 엄격한 수행이다. 《십주비바사론》에서는 ①나무 밑을 구하지 않으며, ②나의 소유를 멀리 여의며, ③ 다툼이 없으며, ④딴 곳으로 가더라도 아까운 바 없으며, ⑤실없음이 적으며, ⑥ 바람과 비·추위·더위·모기·등에·독충 등을 참을 수 있으며, ⑦가시나무등에 찔리는 것을 막을 수 있으며, ⑧중생들이 성내거나 원망치 않게 되며, ⑨자신에게도 근심과 원한이 없으며, ⑩여러 가지 소란스런 행이 없다는 열 가지 이득을 설하고 있다._{앞의 책, p.416}

이상으로 나타낸 것이 12두타로써 대승의 출가보살이 닦는 수행법이다. 이렇게 대승의 출가보살은 기존의 비구승가에서도 엄격한 수행으로 계율에 포함시키지 않은 수행법으로서 두타행을 스스로의 수행으로 간주해 지키며 닦았던 것이다. 따라서 대승의 출가보살은 비구승가와는 다른 독자적인 수행법을 세워 자신들의 정체성을 내세우며, 대승불교의 입장을 분명히 드러내었다고 생각된다.

제6장

범본《반야심경》에 나타난 자성공의 의미

※본고는 필자가 발표한 일본어 논문〈なぜ般若心経《般若心経》において自性という言葉を採用しなかったのであろうか〉(《印度學仏教学研究》第62-1, 日本印度学仏教学会, 2014, 3)라는 논문을 바탕으로 수정 보완하여 작성한 것이다.

현장《반야심경》의 문제점

한역《반야심경》에 관해서는 최근에 이르기까지 한국이나 일본에서 많은 연구와 고찰이 이루어져 왔다. 일본에서 특히 근래에 많은 참고가 될 만한 책이 출판되어,《반야심경》의 이해에 크게 도움이 되고 있다.渡辺章悟,《般若心經 テクスト·思想·文化》, 大法輪閣, 2009, 2; 原田和宗,《《般若心經》成立史論》, 大藏出版, 2010, '原田, 2010'으로 약칭 그러나 그와 같은 연구에도 불구하고, 필자는 《반야심경》의 사상을 이해하는 데 여전히 문제점이 남아있다고 생각한다. 그 중 하나가 현장삼장玄奘三藏이 번역한《반야심경》大正藏 8卷, No.251에 나타나는 '오온개공五蘊皆空'의 부분으로서, 왜 현장이 이와 같이 번역했는가에 대한 의문이다. 왜냐하면 한역《반야심경》의 원본인 범본《반야심경》에서는 그 부분이 '오온자성공'五蘊自性空; 원문 pañca skandhās, tāṃś ca svabhāvaśūnyān으로서 표현되어, 불교사상의 역사에서도 중요한 말인 자성自性, svabhāva이라는 말이 등장하고 있다. 그럼에도 불구하고 현장이 자성이라는 말을 번역하지 않은 것은 어떤 이유에 의한 것일까? 아니 애초부터 자성이라는 말이 없었던 것일까?

필자가 이 문제에 좀 더 흥미를 가지게 된 것은 현장역《반야심경》을 중시하는 새로운 견해가 나타나고 있기 때문이다. 즉 현장본을 중심으로《반야심경》을 연구하여, 현장의《반야심경》은 범본과 관계없이 중국에서 만들어진 것이라는 견해도 나오며Jan Nattier, The Heart Sūtra : A Chinese Apocryphal Text ?, *The Journal of the International Association of Buddhist Studies*, Vol.15. no.2. 1992, 또 범본의 자성공과 관련해서는 범본은 본래 자성이라는 말이 없었다고 하는 견해도 나타나고 있다.原田, 2010 하라다原田는 다음과 같이 말하고 있다.

> 그러나 나집역《대품반야경》의 '오음성공'이라는 역문에 대하여 나집역《대명주경》은 '오음공', 현장역의《대반야경》의 '색내지식본성개공色乃至識本性皆空'에 대하여 현장역《심경》은 '오온개공'이라고 되어있는 이상, 나집역《대명주경》, 현장역《심경》의 원전에는 역시 svabhāva-는 없으며, "pañca skandhās, tāṃś ca śūnyān"이었던 것이 한층 확실시 된다.p.98

곧 범본《반야심경》에 나오는 오온개공의 원문인 pañca skandhās, tāṃś ca svabhāvaśūnyān에서 자성에 해당하는 svabhāva라는 말이 본래 없었을 것이라 추측하고 있다. 그렇지만 그와 같이 자성이라는 말이 없으면《반야심경》의 뜻이 제대로 통하는 것일까? 아니 자성이라는 말이 없더라도《반야심경》에 대한 충분한 이해가 이루어질 수 있을까? 이런 생각이 드는 것은 더욱이《반야심경》에 대한 평가가 극단적으로 나아가고 있다고 생각되기 때문이다. 즉《반야심경》은 불교의 사상을 분명하게 전달하는 순수한 대승경전도 아니라는 평가조차 나오고 있다. 하라다는 〈《소본·심경》의 정체에 대하여〉라는 부분에서 다음과 같이 말하고 있다.

범본《소본·심경》은 공사상을《2만5천송반야》의 핵심으로서 교시敎示하기위해 편집한 개별적·압축형의 반야경전의 일종이 아니고, 본체인 〈반야바라밀다심주〉에 대하여 그 〈효능서〉를 서술한 산문이 앞부분으로 부가된 만트라 문헌이다. 경전의 부류가 아닌 이상 대승경전은 아니고, 하물며 밀교경전도 아니다.原田, 2010, pp.3-4

왜 《반야심경》은 순수한 대승경전이 아닌가? 그와 같이 이해하는 것은 《반야심경》에 있어서 가장 중요한 말인 '자성'이라는 말이 생략된 것에 기인한 오해는 아닌가? 따라서 여기에서는 현장 역 《반야심경》의 원본인 범본 《반야심경》에 나오는 자성이라는 말을 중심으로, 그 말의 역사적 의미와 사상적 중요성을 밝혀보고자 한다.

범본《반야심경》에 나타나는 자성

이미 알려져 있는 것처럼 현장삼장이 번역한 《반야심경》의 원본에 해당하는 범본 《반야심경》에는 소본小本과 대본大本이라는 두 판본이 존재하며, 이것들은 오랜 기간 많은 연구에 의해서 잘 알려져 있다.中村元·紀野一義 譯註,《般若心經·金剛般若經》, 岩波書店, 1960 / 1973, 제16쇄, '中村, 1960'으로 약칭 두 판본을 살펴보면, 범문 대본은 소본의 내용과 동일한 내용이 핵심이 되고 있으며, 경전의 기본으로서 여시아문如是我聞 등이 붙어 있다.

이 양 본을 세밀하게 살펴보면 소본은 대본의 핵심적인 내용을 암송하기 쉽도록 특별히 편집한 것 같은 느낌이 들지만, 문제는 소본 《반야심경》의 범본과 현장역의 《반야심경》의 내용이 여러 면에서 다르다는 것이다. 그 차이 중에서 가장 중요한 것이 범본 《반야심경》에 나타나는 자성공svabhāvaśūnyān의 용어로서, 그 범본의 내용에 따른다면 조견오온자성공照見五蘊自性空이 된다. 범본의 소본과 대본의 해당 개소를 보면 다음과 같이 나타나고 있다.대본에는 반복의 형태로 두 군데 자성공의 부분이 나타난다

● 소본小本

paṅca skandhās, tāṃś ca svabhāvaśūnyān paśyati sma.中村, 1960, p. 172.

● 대본大本

①paṃca skaṃdhās tāṃś ca svabhāvaśūnyān vyavalokayati.

②paṃca skaṃdhās tāṃś ca svabhāvaśūnyān samanupaśyati sma.中村, 1960, p.176.

그리고 이 부분에 대한 번역으로서 소본의 번역인 구마라집과 현장 역 그리고 대본의 한역을 살펴보면 다음과 같다.이것들은 모두 大正藏 8卷에 수록되어 있다

● 소본 한역

鳩摩羅什譯(No.250) : 照見五陰空,

玄奘譯(No.251) : 照見五蘊皆空,

● 대본 한역

法月譯(No.252) : ①②照見五蘊自性皆空,

般若共利言譯(No.253) : ①照見五蘊皆空, ②應觀五蘊性空,

智慧輪譯(No.254) : ①照見五蘊自性皆空, ②應照見五蘊自性皆空,

法成譯(No.255) : ①觀察照見五蘊體性悉皆是空, ②彼應如是觀察五蘊體性皆空,

施護譯(No.257) : ①觀五蘊自性皆空, ②當觀五蘊自性皆空.

이상에서 보듯이 현장은 범본의 '자성'이라는 용어를 번역하지 않

범본《반야심경》에 나타난 자성공의 의미

은 채로 '오온개공'이라 번역하고 있지만, 이것은 현장 이전에 번역된 중국 최초의《반야심경》의 번역인 구마라집의 번역본에 나오는 '오온공五蘊空'의 내용과 상통하는 것이라 생각된다. 구마라집의 번역은 범본의 소본을 번역한 것을 알 수 있지만, 그가 번역한 범본에 대해서는 상세한 것은 알 수가 없다. 그렇지만 현장의 번역은 범본 소본을 번역한 것이라 해도 그가 직접 인도에서 가지고 온 범본이 남아있어 그 범본의 구체적인 내용을 확인할 수 있다. 곧 현장이 번역한《반야심경》이 범본을 번역했다는 것은 그가 직접 인도에서 가지고 왔다고 하는《관음친수본觀音親授本》大正藏 8卷, No.256이 남아있는 것을 통해서 알 수 있다. 현장이 가지고 온 범본인《관음친수본》은 불공不空 삼장이 음역했다고 전해지며福井文雄,《般若心經の歷史的硏究》, 春秋社, 1987,'福井, 1987'로 약칭 거기에서도 '자성공'이라는 말이 분명하게 다음과 같이 나타난다.

畔左(五) 塞建(引) 馱(引五蘊) 娑怛(引) 室左(二合彼) 娑縛(自) 婆縛 (引性) 戌儞焰(二合空) 跋失也(二合) 底娑麼(二合現).大正藏 8권, No.256; 福井, 1987, p.128

이《관음친수본》은《반야심경》의 범본 소본에 해당하는 것으로서, 그 내용도 현장의《반야심경》과 큰 차이가 없다. 따라서 그《관음친수본》의 내용을 부정하지 않는 한, 현장의《반야심경》은 인도의 범본 소본을 번역한 것이며, 그런 의미에서 현장삼장이 번역하지 않은 자성의 용어에 관해서 의문을 지니는 것은 당연한 것으로 생각한다.

그러면 '오온개공'과 대조되는 '오온자성공'의 의미가 왜 중요한 것일까? 그것은 인도불교사상의 역사에서 이 '자성'이라는 용어가 차지하는 중요성에 있다고 생각한다. 즉 인도에서 부파불교, 그 중에서도 특히 설일체유부의 사상을 비판적으로 극복하려고 했던 대승불교의 입장에서 제시된 법무아, 법공, 무자성 등의 개념들이 설일체유부의 논사가 사용한 법체항유法體恒有 등의 개념에 대한 비판이었다는 것은 주지의 사실이다. 설일체유부에서는 존재하는 현상 등에는 각각의 고유한 특성이 있고, 그 특성을 지니고 있는 것을 법法이라고 정의하였다. 그리고 그 법은 과거 현재 미래의 삼세에 걸쳐서 항상 존재하는 것으로서, 그 삼세를 통하여 변하지 않는 특성, 본질 등을 자성이라고 불렀던 것이다. 이러한 본질, 특성으로서 자성에 대하여 가토加藤는 "이런 점에서 svabhāva자성이라는 것은 법 그 자체가 아니라, 법을 다른 것의 본질prabhāva, 他性로부터 구별하는 것, 즉 '법이 지니는 본질'을 의미한다는 것을 알 수 있다."加藤純章, 〈自性と自相〉《佛教思想の諸問題》, 春秋社, 1985, p.492라고 말하고 있다. 곧 갖가지 법이 지니는 본질, 본성 등을 법이라 부르고 그와 같은 자성을 가진 다양한 법에 대한 고찰이 이루어져 설일체유부는 5위75법으로서 현상의 일체 존재를 설하였던 것이다.

그렇지만 연기적인 관계를 강조하고, 무상과 무아의 개념에 근거를 둔 불교 본래의 성격에 대한 철저한 이해에 충실했던 대승불교 사상가의 입장에서는, 삼세를 통하여 존재하는 자성을 지닌 제법에 대한 의문을 갖는 것은 당연한 것으로서, 그 문제들에 관한 자신의 입장을《반야심경》등을 통해 드러낸 것이다. 그런 입장에서 범본《반야심경》에 나타나는 오온자성공이라는 의미도 그 후에 이어지는 제법공상諸法空相의 의미와 상통하는 것으로, 즉 오온이라는 제법이 자성으로서는 공이라고 하는 것을 주장하였던 것이다. 이와 같이 자성으로서는 공이라는 의미는 제법의 자

성을 주장하는 설일체유부의 법에 대한 이해를 비판하고 공사상을 천명
한 대승불교의 입장을 나타낸 것으로서, 이러한 입장은 대승불교의 초기
대논사인 나가르주나가 그의 《근본중송》에서 제법의 자성공을 명확하게
논증하고 있는 것과 그 맥락을 같이 하는 것이라고 생각된다.

03

《근본중송》에 나타나는 자성의 의미

《근본중송》에서는 그 비판의 대상으로서 실체의 의미를 갖는 많은 용어가 등장하는데, 그 중 가장 많이 나타나는 말이 자성自性, svabhāva이다.제7장 참조. 이하《근본중송》은 이태승역《근본중송》, 지만지, 2008 참조 즉《근본중송》전체 27장 중에서 제26장〈관십이인연품〉을 제외한 나머지 26장의 각 장에서 비판대상으로서의 용어가 나타나며 그 가운데 가장 빈번히 등장하는 것이 자성이라는 개념이다. 그렇게 거의 전 장에 걸쳐서 실체 개념이 비판되는 것은, 그러한 실체의 개념이 나가르주나가 강조하는 연기의 개념과 서로 모순되기 때문이다. 즉 나가르주나는 설일체유부를 비롯해 당시 인도의 모든 학파가 주장하는 실체의 개념을 연기설에 의해 비판하려는 의도를 지니고 있었던 것이다. 이것을 마츠모토松本는 "나가르주나의 사상적 사명은 아비달마철학의 법유론法有論을 전면적으로 부정하는 것을 통해서 법무론法無論에 기반하는 불교의 바른 연기설을 부활시키는 것에 있었다."松本史朗,《縁起と空》, 大藏出版, 1989 p.342; 이하 '松本, 1989'로 약칭라고 표현하고 있다. 이것은 곧 설일체유부가 주장하는 삼세에 걸친 자성을 갖는 제법이라는 개념에 반대하여, 제법이라는 것은 연기된 것으로서 자성이라고 할 만한 실체를 지니고 있지 않다는 것을 논증하고자 한 것이다. 즉 찰나생멸하는 무상에 대한 철저한 자각을 근본으로 하는 연기설의 입장에 의거하여 항상하며 영원히 존재하는 실체의 개념을 비판한 것으로서, 특히 설일체유부가 주장한 자성의 개념을 비판하였던 것이다.

따라서 《근본중송》에서 나가르주나가 비판하는 자성의 개념에는 당연히 전통적으로 설일체유부가 주장하는 제법의 본질, 특성 등의 의미로서의 자성의 개념이 사용되고 있다.[1-3A, 13-3A 등] 곧 《근본중송》에서의 의도는 설일체유부가 말하는 것과 같은 본질, 실체 등은 없다는 것으로, 즉 법의 비실체성, 무자성 등을 나가르주나는 증명하려고 한 것이다. 이런 의미에서 법이라는 것은 자성을 지니지 않는 것으로서 가명假名, 혹은 자성이 없다고 하는 것으로서 자성공이 된다. 그렇지만 한편으로 나가르주나는 자성 그 자체를 법과 동일한 의미로 사용하는 경우도 있다. 이러한 자성과 법개념의 동일시에 대해 마츠모토는 다음과 같이 말하고 있다.

> "나가르주나는 《중론中論》에서 자성이라는 말을 사용할 때, 당초에는 그 것을 '제법이 속하는 것'으로서 일반적인 용어로 사용하고 있다. 그러나 그 후에 제 15장 제2송에서 자성을 '자립적 존재'로서 정의할 때, 그는 거기에 자기의 부정적 논증을 유효하게 이끌기 위해서 새로운 의미를 부가하고자 했던 것으로 생각된다. 즉 그는 자성을 '연기하는 것'과는 모순하는 '연기하지 않는 것'인 '자립적 존재', '실재'로 상정하는 것을 통해서 '자성'과 '연기'의 개념 사이의 모순 대립을 누가 보더라도 명확한 것으로 한 후에 '연기하는 것'은 '자성'이 아니라고[非自性] 한 것이다." 松本, 1989, p.348.

이러한 자성 개념의 변화를 보여주는 제15장의 제2게송에서의 자성은 ①만들어진 것이 아니고akṛtrimaḥ, ②타자에 의존하지 않는 것nirapekṣaḥ 의 의미를 가지고 있다. 이와 같은 의미를 갖는 자성의 개념은 비연기적 존재, 자립적 존재, 자기동일성을 지닌 존재, 변하지 않고 존재하는 실재 등을 의미한다.松本, 1989, p.354 그렇지만 이러한 실체적 의미로서의 자성의 개념은 연기하는 것으로서 제법을 인정하는 불교의 입장에서 볼 때는 모두 부정되는 것으로, 그런 의미에서는 그것들은 공중空中의 꽃과 같이 어디에도 존재하지 않는 가공의 산물인 것이다.松本, 1989, p.354 그렇게 나가르주나는 연기하는 것으로서의 제법과 자성 그 자체로서의 제법을 대립시키면서 자성에 따른 사고방식을 비판해 나간다. 이러한 비판의 논리에 대해 마츠모토는 다음과 같이 표현하고 있다.

> "나가르주나가 자성이라는 말을 어떤 의미에서는 비논리적으로 실재, 자립적 존재로 사용한 것은 자성과 연기[하는 것]의 모순을 명확히 인상짓기 위해서였다. 또한 그것을 통해서 그는 법이 자성을 지니지 않는다면 존재하지 않는다는 중요한 논리를 세우지 않고도, 연기하고 있는 것[제법]은 자성[실재]가 아니라고 서술하는 것만으로 제법이 무無라는 결론을 직접 나타낼 수 있게 된 것이다."松本, 1989, p.351

곧 존재하는 현상을 연기에 의한 것인지 아니면 자성으로서 존재하는 것인지를 분명히 나눈 나가르주나는 "무엇이든 연하여 존재하는 것은 자성이 적멸寂滅한 것이다."7-16라고 말하고 있다. 이것은 존재하는 것 즉 제법은 '자성으로서는' 생기하지 않는 것 즉 공한 것이라는 의미로서, 연기한 제법에는 실체의 개념이 존재하지 않는다는 뜻의 '법의 무'가 《근본중

범본《반야심경》에 나타난 자성공의 의미

송》에서 설하고자 한 근본의도였던 것을 지적한 것이다.松本, 1989, p.355 이러한 목적을 완수하기 위해서 나가르주나는 존재하는 제법에 대해 '자성으로서'svabhāvena, svabhāvatas, svabhāvāt라는 말을 사용하며 '자성으로서는 공'이라는 말에 대해 논증을 시도하고 있다. 그렇게 사용되는 '자성으로서' 혹은 '자성이 있다면'이라는 표현의 예를 《근본중송》에서 살펴보면 다음과 같다.

> 만약 자성으로서 존재한다면, 그것은 존재하지 않는 것이 아닌 존재한다는 상주常住의 견해에 떨어지며, 이전에 있었던 것이 현재는 없다고 한다면 단멸斷滅이라는 오류가 따르게 된다.15-11

> 만약 업이 자성으로서 존재한다면, 그것은 의심할 것 없이 상주일 것이다.17-22A

> 만약 붓다가 온蘊에 의존하여 존재하는 것이라면 자성으로서 존재하는 것은 아니다.22-2A

> [여래는] 자성으로서는 공이기 때문에, 이에 관하여 '여래는 입멸 후에도 존재한다', '존재하지 않는다' 등의 생각은 성립하지 않는다.22-14

> 정淨과 부정不淨의 전도에 의해서 일어나는 것은 자성으로서는 존재하지 않는다.23-2A

만약 그대가 갖가지 존재를 자성으로서 실재하는 것이라고 인정한다면, 그대는 존재를 인과 연이 없는 것으로 보고 있는 것이다.24-16

자성으로서 현재 존재하고 있는 것이 어떻게 다시 생겨나겠는가24-22 자성으로서 존재하고 있는 고^苦에 소멸은 존재하지 않는다.24-23A

만약 자성으로서 존재한다면 도^道의 수행은 성립하지 않는다. 그렇지만 도가 실제 행해진다면 그대에게 자성인 것은 존재하지 않는다.24-24

만약 자성으로서 완전히 알려지지 않는 것이라면 또다시 어떻게 완전히 알 수 있겠는가.24-26A

자성으로서 부처가 아닌 자는 보살행에서 아무리 깨달음을 위해서 전념하더라도 깨달음을 얻을 수 없다.24-32

자성이 있다면 세간은 여러가지 상태를 생기하지 않고, 소멸하지도 않으며, 상주불변의 것이 될 것이다.24-38

이렇게 나가르주나는 《근본중송》에서 연기와 대립되는 개념들에 대해 '자성으로서'라는 말을 사용해 그 대립적인 개념에서 논리적으로 비판을 진행하고 있다. 따라서 그 자성이 성립하지 않는다는 의미에서는 '자성으로서는 공[=자성공]'인 것이며 또한 자성의 실재를 갖지 않는다는 의미에서는 제법무^{諸法無}인 것이다. 이와 같은 나가르주나의 자성에 대한 태도

범본 《반야심경》에 나타난 자성공의 의미

를 생각하면, 그 자성공이라는 것은 나가르주나 시대의 불교에서는 중요한 사상적 입장이었다고 할 수 있을 것이다.

04

《반야심경》의 사상적 의미

　　대승불교의 대논사인 나가르주나의 서술에 의거하면, '자성으로서의 공' 즉 자성공이라는 개념은 대승불교의 사상적 입장을 잘 나타내고 있다. 그런 의미에서 제법으로서 오온에 대해서 범본《반야심경》에서 자성공을 말하고 있는 것은 중요한 의미를 지니고 있다. 즉 오온자성공이라고 하면 '오온은 자성으로서 공인 것'으로서, 삼세실유의 자성으로서 존재하는 법으로서의 오온에 대한 비판이 된다. 즉 오온은 자성으로서 변화하지 않는 것 달리 말하면 실체적인 것으로 이해되는 본성으로서의 관념을 비판하는 것이 된다.

　　그와 같이 오온자성공이라는 말은 오온을 실체적으로 간주하는 입장을 비판하는 것으로, 이것을 좀 더 면밀히 살펴보면 오온의 각각에 대해 실체적으로 이해하는 것에 대한 비판이 되기도 한다. 즉 오온을 구성하는 색수상행식色受想行識의 각각의 법에 대하여 살펴보면, 예를 들어 색의 경우는 색자성공이 되어 "색은 자성이 공하다." 또는 "색의 자성은 공하다."는 는 의미가 된다. 물론 이 경우도 색을 실체적으로 간주하는 입장을 비판하는 것은 말할 것도 없다. 이런 의미에서 대본의 한역에서 오온의 각각을 지칭하여 '색성시공色性是空', '식성시공識性是空'大正藏 8卷, No.252 등으로 번역한 것도 자성공의 의미를 살리려는 의도가 있었던 것을 알 수 있다.

　　이것에 대하여 단지 오온개공이라고 한다면, 이것은 현재 우리의 존재를 지탱하며 생멸변화하는 구체적인 현상으로서 오온이라는 것이 공한 것 즉 없는 것으로 이해할 수 있다. 예를 들어 오온 중에서 물질적인 것으로서의 색이 공하다고 한다면, 우리가 보고 감촉하여 느끼는 주변의 물질이 실제 없다는 식으로 이해할 수 있다. 만약 우리의 삶을 지탱하는 것으로서의 오온이 실제 없다고 한다면, 그것은 불교에서 특히 중관학파에서 가장 혐오하는 허무주의, 부정주의가 될 가능성이 있는 것이다. 불교의 가르침은 우리를 둘러싼 갖가지 존재를 부정하지 않는다. 무언가 본질이면서 실체로서 포착되는 개념, 그런 개념들에 사로잡힌 마음으로 살아가는 것에 대한 비판이 불교의 본령인 것이다. 따라서 오온자성공이라는 것은 그와 같이 오온으로서의 제법을 실체적으로 이해하는 것에 대한 비판의 의미가 포함되어 있는 것이다. 이렇게 자성공의 의미가 부여됨으로써 우리의 삶을 지칭하는 오온이 부정되는 것이 아니라 오온을 실체시하는 입장이 비판되는 것으로 그렇다면 범본의 기술내용은 타당한 것이라고 생각된다. 그와 같이 범본은 제법의 의미에 대해 정확히 기술하고 있음에도 불구하고, 그 자성이라는 말을 번역하지 않았던 현장의 의도는 어디에 있었던 것일까?

　　현장삼장은 분명 자성이라는 말이 중요한 의미를 지닌다는 것을 알고 있었을 것으로 생각되지만, 왜 그 말을 번역하지 않았던 것일까? 여기에서 구마라집이 번역한 《반야심경》의 원본에 본래 자성이라는 말이 없었을까 하는 문제가 다시 한 번 중요하게 거론될 수 있다. 그렇지만 필자의 입장에서는 구마라집의 번역경론에서는 극도의 의역意譯이 많은 까닭에 이 자성이란 말도 번역하지 않았을 가능성이 있다고 생각된다. 예를 들어 구마라집은 동아시아에서 매우 중시되는 《금강경》에서도, 그 설법의 목적으로서 중요한 의미를 갖는 보살승菩薩乘이라는 말조차도 번역하고 있지 않다. 그렇지만 현장 역의 《금강경》은 그 말을 정확히 번역하고 있는 것은 물론이다. 그와 같이 정확한 번역을 지향한 현장이 자성이라는 말을 번역하지 않았던 것은 불가사의하다. 혹시 그러한 배경에는 현장이 자신의 사상적 근거로서 유식사상에 의거해 일부러 생략한 것은 아닐까? 이러한 문제는 향후 보다 중요한 연구 테마가 될 것이라 생각되지만, 그렇더라도 현장은 《반야심경》에서 자성이라는 말을 번역하지 않음으로써, 동아시아에서의 대승불교사상에 대한 올바른 이해에 큰 혼란을 일으킨 것은 아닐까하는 생각을 떨칠 수 없다.

　　　　　　　　　　　범본 《반야심경》에 나타난 자성공의 의미

제7장

《근본중송》에 나타나는
실체 개념의 비판

＊본고는 필자가 일본어로 발표한 《根本中頌》に現れる実体の概念及びそれについての批判 (《印度学仏教学研究》 第59-2号, 日本印度学仏教学会, 2011. 3)이라는 논문을 수정 보완한 것이다.

실체 개념이란

나가르주나의 대표작으로 알려지는 《근본중송》은 잘 알려진 바와 같이 그 내용의 핵심은 '연기 – 무자성 – 공'에 대한 논증이다. 곧 나가르주나는 불교의 사상인 연기를 근본으로 하여 당시 인도 힌두 철학의 근본개념인 자아自我 즉 아트만Ātman을 포함해 아비달마불교의 중요 개념인 자성自性을 비판적으로 고찰하고, 나아가 대승불교의 공사상을 체계적으로 논증하였다. 여기에서 나가르주나가 비판적으로 검토한 인도의 아트만 및 자성에 관한 개념은 일반적으로 실체, 본체, 본성 등으로 불리어, 불교의 무아설과 대립하는 아 즉 자아의 사상을 반영하고 있다. 인도에서는 고타마 붓다에 의해 불교의 근본사상으로서 무아설이 확립된 이래 무아와 아의 사상적 논쟁은 인도사상계를 관통하고 있다고 해도 과언이 아니다. 이렇게 말할 수 있는 것은 불교 철학과 인도 힌두 철학 사이에 오랜 기간 거듭된 사상적 논쟁의 핵심이 그러한 실체에 관한 논쟁이었기 때문이다. 이러한 실체의 개념에 대하여 대승불교의 이념적 체계를 확립한 나가르주나도 철저하게 비판을 가하고 있다. 나가르주나의 사상 가운데 이러한 실체·본체에 대한 비판이 바로 그의 사상적 근본이라는 것을 가지야마梶山 박사는 다음과 같이 말하고 있다.

그[=나가르주나]가 말한 것은 본체를 고집하는 입장에서는 인과관계도 논리적 관계도 성립하지 않는다는 것이다. 본체를 지닌 것 사이에 있는 의존관계를 부정하고, 관계일반이라는 것은 동일이든가 별이라든가의 본체를 가지지 않는 것 사이에서 밖에 성립하지 않는다는 것을 말하고 있는 것이다. 梶山雄一《中觀と空 I; 梶山雄一 著作集 第4卷》春秋社, 2008, 7. p.57

이와 같이 나가르주나도 실체·본체를 근본으로 하는 사상에 신랄한 논리적 비판을 가하며, 그러한 논리적 비판의 자세를 잘 보여주는 것이 나가르주나의《근본중송》인 것은 말할 것도 없다. 따라서 여기에서는《근본중송》전체에 걸쳐 등장하는 실체의 개념을 총체적으로 살펴보고 또 그것에 대한 비판의 방식을 고찰해 보기로 한다. 일반적으로《근본중송》에서는 실체의 개념이 중요하고 또 빈번히 나타나고 있지만, 그러한 실체의 개념을 전체적으로 종합하여 정리한 것은 그다지 많지 않다고 생각된다.《근본중송》전장에 나타나는 실체의 개념에 대해 정리, 비판함으로써 나가르주나의 사상을 이해하는 또 하나의 계기를 마련하고자 한다.

《근본중송》의 실체 개념

　　《근본중송》은 전체 27장 450여 게송으로 이루어져 있으며 나가르
주나의 사상을 잘 보여주고 있다. 그 내용은 '연기 – 무자성 – 공'의 개념을
논증하는 것으로서 특히 실체의 개념으로서 자성에 대한 비판이 눈에 띈
다. 자성의 개념은 당시 부파불교 가운데 설일체유부의 사상과 깊은 관련
을 갖는 것으로, 이 자성에 대한 비판으로 인해 나가르주나가 설일체유부
의 사상을 비판하고 있는 것을 알 수 있다.

　　이 자성을 대표로 하는 실체의 개념은 달리 말하면 존재자 특유의
본래성Eigenschaft, 존재자를 타자와 구별하여 존재시키고 인식시키는 개별
적 성질Eigenmerkmal, 현상으로서 존재의 배후에 있으며 그 자신은 변화하
지 않는 본체·기체Substrat를 가리키는 것으로, 그것을 한마디로 표현하면
그것 자체로 존재·성립하고 있는 '자존적自存的 존재'를 말한다.江島惠教《空
と中觀》春秋社, 2003, 7. p.9 그와 같은 '자존적 존재'로서 실체는 불교의 기본개
념인 무상·무아 등과는 대립되는 개념이지만, 인도의 힌두 철학의 핵심적
인 개념으로서 간주되고 있는 것이다. 이러한 자존적인 실체의 개념을 나
가르주나는 《근본중송》 전체에서 비판하고 있다.이하의 숫자 예를 들어 15-2는 나
가르주나의《근본중송》의 제15장 제2게송을 가리킨다

나가르주나가 비판하는 자성의 개념은 잘 알려진 바와 같이 인연을 떠나 있는 것으로 만들어진 것이 아니고, 다른 것에 의존하지 않는 것이다.[15-1, 2] 이것은 앞에서 말한 '자존적 존재'와 동일하다고 말할 수 있다. 이러한 성질로서 실체의 개념은 힌두 철학의 전통적인 개념인 아트만과 그 내용이 동일하다. 곧 아트만이란 변화하지 않는 것, 단일한 것, 주재성의 것이기 때문이다.

　　《근본중송》에는 이 자성과 아트만 이외에도 다수의 실체 개념이 나타난다. 그 가운데 눈에 띄는 것은 무엇인가 작용 혹은 현상 가운데 그 작용을 하게하는 주체의 개념이다. 곧 어떤 행위를 하는 경우에 그 행위의 주체자로서 행위자를 말한다. 나가르주나는 이러한 주체자의 개념으로서 '가는 주체'[2장], '보는 주체'[3장], '탐욕의 주체'[6장], '행위 주체'[8장, 10장], '감각작용의 주체'[9장] 등을 들고 있다. 이 주체의 개념도 그 자체는 변화하지 않고, 그와 관련한 작용 혹은 현상 등을 주재하는 것으로 실체의 개념을 반영하고 있다. 그리고 나가르주나는 어떤 현상 등에 앞서 존재하는 원인인 것 또 어떤 현상의 근본적인 특성 등도 실체의 개념으로서 거론하고 있다. 나가르주나는 그와 같은 실체의 개념을 《근본중송》 전체에서 명확히 제시한 후 그것을 실체와 현상, 주체와 작용 등의 관계를 기본으로 하여 논리적인 비판을 가하고 있다.

　　그러면 《근본중송》에 나타나는 실체의 개념과 그 실체에 대한 비판 논리를 표로 제시하면 다음과 같다.

[표 1]

	제1장 觀因緣品	제2장 觀去來品	제3장 觀六情品	제4장 觀五陰品	제5장 觀六種品	제6장 觀染染者品	제7장 觀三相品
실체 개념	연의 자성	가는 주체	보는 주체 등	물질의 원인	허공의 특상	탐욕의 주체 (탐욕자)	생기를 일으키는 생기, 본생
실체 개념 비판 논리	자성을 지닌 연과 그 결과와의 관계를 논리적으로 고찰	가는 주체와 가는 작용과의 관계 고찰	보는 주체와 보는 작용과의 관계 고찰	물질의 원인과 물질의 관계 고찰	허공의 특상과 허공의 관계 고찰	탐욕의 주체인 탐욕자와 탐욕의 관계 고찰	생기의 근본으로 본생을 상정해 생기작용과의 관계 고찰
章의 핵심 내용	4연에 자성을 인정하는 경우 결과를 증명할 수 없음	가는 주체를 설정하면 가는 작용은 성립되지 않음	보는 주체를 설정하면 보는 작용은 성립하지 않음	오온의 하나인 물질(색)에 그 원인을 상정할 경우 논리적 관계 고찰	육대중의 하나인 허공에 특상이 있다고 상정할 경우 허공과의 관계고찰	탐욕이라는 현상에 그 주체자로서 탐욕자를 상정하면 탐욕은 물론 그 결합도 성립하지 않음	유위의 특성을 나타내는 생주멸의 삼상 중 생의 작용을 고찰, 근본적인 생인 본생을 상정해 논리적 고찰, 생주멸이 성립하지 않음
비고	4연:인연, 소연연, 등무간연, 증상연; 자성: svabhāva	가는 주체 : gantṛ	육정 : 여섯의 감각작용, 안이비설신의; 보는 주체 :draṣṭṛ	물질 : 색, 오음 : 색수상행식, 물질의 원인: 지수화풍의 4대	육대 : 지수화풍공식, 특상 : lakṣaṇa	탐욕자(염자):rakta	삼상 : 생주멸, 생기를 일으키는 생기(생생): utpāda-utpāda, 본생: mūla-utpāda

《근본중송》에 나타나는 실체 개념의 비판

	제8장 觀作作者品	제9장 觀本住品	제10장 觀燃可燃品	제11장 觀本際品	제12장 觀苦品	제13장 觀行品	제14장 觀合品
실체 개념	행위자	감각작용의 주체, 아트만	행위주체	前際 : 실체적 과거	자체인 푸드갈라	자성	보는 자, 탐욕자 등
실체 개념 비판 논리	행위자와 행위작용에 대해 논리적으로 고찰	감각작용을 지니며 그것에 선행하여 존재하는 주체인 아트만과의 논리적 관계 고찰	행위주체를 상정하여 행위작용과의 관계를 고찰	과거나 미래를 실체적으로 상정했을 경우의 문제점	고를 만들어낸 주체인 푸드갈라를 상정해 그 관계를 고찰	변이하지 않는 자성과 변이하는 것의 관계 고찰	주체나 실체를 인정한 경우 그것들의 결합관계 고찰
章의 핵심 내용	행위주체로서 행위자를 상정했을 경우 행위작용이 성립하지 않음을 고찰	보는작용, 듣는 작용 등과 감수작용 등에 선행하여 존재하는 아트만과 그 작용에 대한 관계에 대한 문제점	행위주체와 행위작용의 관계를 불과 땔감의 관계로 고찰, 이것은 아트만과 존재물의 관계에 해당	실제적으로 과거나 미래를 상정하면 출생과 노사의 관계에서와 같이 노사가 없이 출생만이 존재할 수 있고, 출생없이 노사만이 존재하는 모순에 빠짐.	고를 만든 주체로서 푸드갈라를 상정하면 어떠한 경우에도 고는 성립하지 않음	변이하지 않는 자성을 인정하면 일체의 변이는 성립하지 않음	보는 자, 보는 작용, 보이는 대상의 셋은 어떤 결합관계도 성립하지 않음, 보는 자는 변치 않고 서로 연하는 것이 없기 때문
비고	행위자: kāraka, 행위주체: kartṛ	아트만: ātman	행위주체: kartṛ, 행위: karman, 불:agni, 섶:indhana	전제: pūrvakoṭi	자체인 푸드갈라: svapudgala	자성: svabhāva	보는자 (draṣṭr), 보는 작용, 보이는 대상 / 탐욕, 탐욕자 (rakta), 탐욕의 대상

[표 2]

	제15장 觀有無品	제16장 觀縛解品	제17장 觀業品	제18장 觀法品	제19장 觀時品	제20장 觀因果品	제21장 觀成壞品
실체 개념	자성	푸드갈라: 윤회의 주체	자성	아트만	실체적 시간	자체, 자성	자성
실체 개념 비판 논리	존재가 자성이든 타성을 가진 경우 고찰	윤회의 주체와 취착의 관계 고찰	업이 자성으로서 존재하는 경우의 고찰	아트만과 오온의 관계 고찰	과거, 현재 미래의 삼세의 시간 고찰	인과를 자체, 자성으로서 인정한 경우 고찰	생성과 소멸의 자성을 인정한 경우 존재를 고찰
章의 핵심 내용	자성의 정의 : 인연을 떠남, 만들어진 것이 아님, 의존하지 않는 것	변이하지 않는 주체인 푸드갈라를 인정하는 경우 변이하는 윤회는 성립하지 않음	업이 자성으로 존재한다면 만들어지는 것이 아닌 상주의 것이 될 것이고 업을 짓는 작자란 존재치 않음	아트만과 온의 관계를 고찰하면 아트만도 생멸의 것이 되며, 제법의 본성은 일체 희론을 떠난 것임, 희론은 공성의 체득에서 없어짐	삼세는 서로 연하고 있어 그 존재를 파악할 수 없듯이 시간의 자성은 상정할 수 없음.	인과의 개념을 자체, 자성으로서 인정하면 인과의 개념은 성립치 않음.	생성과 소멸의 자성을 인정하면 서로 인연하는 것도 성립하지 않고, 따라서 그와 관련된 존재도 성립치 않음
비고	자성: svabhāva	푸드갈라: pudgala, 취착: upādāna	자성: svabhāva	아트만: ātman, 온: skandha	시간:kāla	자체: ātman, 자성: svabhāva	자성: svabhāva

《근본중송》에 나타나는 실체 개념의 비판

[표 4]

	제22장 觀如來品	제23장 觀顚倒品	제24장 觀四諦品	제25장 觀涅槃品	제26장 觀十二因緣品	제27장 觀邪見品
실체 개념	자성	자성	자성	자성	(없음)	아트만, 선행하는 온
실체 개념 비판 논리	여래의 자성을 전제로 여래와 오온의 관계 고찰	자성의 존재를 인정하는 경우의 고찰	자성과 공성의 대립적 관계 고찰	자성과 공성의 관계 고찰	(전통적인 12 연기에 대한 설명)	(실체 개념을 인정하는 견해 비판)
章의 핵심 내용	여래가 오온에 의존하는 것은 자성으로서 존재하는 것이 아니고, 자성공이기 때문에 무기의 설이 성립	연기하는 것은 자성으로서의 존재가 아님. 전도나 번뇌의 자성을 인정하는 경우의 모순	사성제를 비롯한 일체의 삶은 공성에서 성립. 중도 (연기=공성=가설)	일체법은 공이며, 열반은 공성의 체득에서 얻어짐		(일체 존재는 공성이다)
비고	여래: tathāgata, 자성: svabhāva	전도: viparyāsa, 자성: svabhāva	공성: śūnyatā, 자성: svabhāva	열반: nirvāṇa, 자성: svabhāva		아트만: ātman, 온: skandha

03

실체 개념의 비판

앞의 표에서 정리된 내용을 잘 살펴보면 전체의 장에서 실체의 개념이 나타나며 그 실체의 개념을 대상으로 하여 논리적 비판이 이루어지고 있는 것을 알 수 있다. 그리고 이 비판의 논리에서 특징적으로 보여지는 것이 귀류법歸謬法, prasaṅga과 사구분별四句分別의 논리이다. 귀류법은 나가르주나가 아주 빈번하게 사용하는 논리로서, 어떤 주장을 하는 경우 그 주장에 반대되는 명제를 세워 그 주장이 성립하지 않음을 증명하여 본래의 주장이 성립하는 것을 증명하는 것이다. 곧 실체의 개념을 부정하는 경우, 실체의 개념을 인정하는 가정적假定的 주장을 전개하면 거기에 다수의 과실이 생기는 것을 확인하여 본래 실체를 부정하는 주장의 정당성을 밝히는 것이다. 예를 들면 《근본중송》 제2장 〈가는 것과 오는 것의 고찰〉에서는 본래 '가는 작용gamana'에 '가는 주체gantṛ' 등은 있을 수 없는데 '가는 주체'를 인정하는 실체론자를 논파하기 위해 먼저 '가는 주체'가 있다고 가정하여 논리를 전개한다. 그렇게 '가는 주체'를 인정하게 되면 과실이 생겨나는 것을 피할 수 없게 되는데 그것을 다음과 같이 표현한다.

만약 가는 주체가 간다고 하면 두 개의 가는 작용이 있다는 오류가 생겨

《근본중송》에 나타나는 실체 개념의 비판

난다. 가는 주체라고 하는 경우의 간다는 것과 가는 주체가 간다고 하는 경우의 간다고 하는 것이다.2-11

이와 같이 가는 주체를 가정하게 되면 가는 주체가 가는 것이 되어, 가는 주체라는 말에 담겨있는 가는 작용과 '가는 주체가 간다'는 말에 담긴 가는 작용의 둘이 생겨나는 과실이 생기게 되는 것이다. 이것은 가는 주체를 인정하는 경우 생겨나는 과실인 까닭에 실질적으로 가는 주체는 성립하지 않는다는 것이다. 이러한 귀류법에 의한 실체 개념에 대한 비판은《근본중송》전체에 걸쳐 다수 나타나고 있다고 해도 과언이 아니다. 그것은《근본중송》의 전체 27장 가운데 12연기를 설하는 제26장을 제외한 나머지 거의 모든 장에서 실체 개념이 나타나고 있기 때문이다. 이러한 귀류법의 논증형태는 후대 중관학파의 사상가인 찬드라키르티를 중심으로 한 일군의 사상가를 귀류논증파歸謬論證派, Prāsaṅgika라고 부름으로써 나가르주나의 입장을 이해하는 핵심적인 논법으로 간주되고 있다. 물론 이러한 귀류법의 논리는 나가르주나 시대의 인도 논리학상에서는 올바른 논리로 간주되지 않았던 것 같지만, 후대의 불교논리학에서는 정당한 논리법으로 인정된 것이다.

또 사구분별의 논리도 부정되는 대상을 네 가지 방식으로 구분한 것으로 실질적으로는 실체의 개념과 깊이 관련되어 있다. 예를 들어《근본중송》제1장 〈연에 대한 고찰〉의 제1게에서는 "모든 사물은 자신으로부터 또 타자로부터 또 양자로부터 또 원인 없는 것으로부터 생기는 일은 없다."라고 말하여 생겨나는 존재의 방식을 네 가지로 정리해 부정하고 있다. 이 사구분별 가운데 "자신으로부터 생기는 일은 없다."라는 것은 변화하지 않고 단독으로 존재하는 실체의 개념으로서 자성을 부정하고 있는 것이다. 곧 스스로 존재하는 실체로서 자성 그 자체가 자기 스스로에 의해 생기는 일이 없음을 지적하고 있는 것이다. 실체로서의 자성이란 스스로 존재하고 있기에 자성이라 이름 붙인 것으로, 그와 같이 스스로 존재하는 것이 발생의 원인이 된다면 그것은 원인으로서 소멸하기에 실체라고 할 수는 없는 것이다. 이것은 논리학에서 말하는 'A는 A다'라는 동일율에 의거한 A라는 실체적 존재에 대한 비판으로, 실체적 A는 그 자신에 의해 생겨날 수 없음을 지적하고 있는 것이다. 그러면 스스로 생겨나는 것이 아니라면 존재하는 것은 타자 즉 다른 것으로부터 생기는 것인가? 그것도 옳지 않다. 왜냐하면 다른 것으로부터 생긴다고 한다면 어떤 사물은 그 자체와 전연 관계없는 다른 것으로부터 생기게 되기 때문이다. 이것은 논리학에서 말하는 'A는 非A가 아니다'라는 모순율에 의거해 A와 전혀 별개인 非A로부터 A가 생겨날 수 없음을 나타내 보인 것이다. 그리고 자신과 타자의 양자로부터 생긴다고 한다면 그것도 옳지 않다. 전혀 다른 두 가지란 논리학에서 'A는 B이든가 非B이든가다'라는 배중율에 의거해 A의 존재는 B와 非B의 어느 것에 속하는 것이지만, 여기에서는 이미 부정된 A와 非A 즉 B로부터 생기하는 일이 없음을 나타내고 있다. 그리고 원인이 없는 무인無서의 것이란 원인이 아닌 것으로 당연 생기를 일으키는 원인이 될 수 없는 사실적인 판단에 의거해 비판하고 있는 것이다. 이 제1장 제1게송은 후대《근본중송》의 해석에 있어 많은 논쟁을 불러 일으킨 불교역사상 중요한 위상을 갖는 게송이기도 하다. 이와 같이 네 가지 방식의 부정논법을 사용하는 사구논법은《근본중송》의 곳곳에서 사용되며[12-1, 21-3, 23-20 외], 실체 개념을 비판하는 중요한 논법으로서 간주되고 있다.

《근본중송》에 나타나는 실체 개념의 비판

04

실체 개념 비판의 의의

    나가르주나는 《근본중송》 전체에 걸쳐 당시 불교의 가르침과 반대되는 실체의 개념을 총체적으로 정리하고 그것을 논리적으로 비판하였다. 이러한 비판은 불교내부에서 자성의 개념을 주장하던 당시 아비달마불교를 비롯해 6파 철학으로 대표되던 인도의 힌두 철학 제파의 개념에 대한 비판이라고도 말할 수 있다. 그와 같은 총체적인 비판을 전개한 것은 당시 새롭게 흥기하던 대승불교의 이념체계를 분명히 하고자 한 것은 물론이지만 아비달마불교에서 나타나는 불교의 정체성에 대한 혼돈을 바로 잡고자 하는 노력이기도 하였던 것이다. 곧 나가르주나는 당시 아비달마불교를 비롯한 힌두 철학파의 개념을 체계적으로 논파함으로써 고타마 붓다 이래 전해지던 불교의 철학 정신을 재정립하고 선양하고자하는 뚜렷한 의도를 가지고 있었다. 그러한 목적을 위해 연기설의 가르침에 근거해 앞서 언급한 귀류법이나 사구분별 등의 논리를 통해 비판을 가했던 것이다. 그와 같이 나가르주나에 의해 비판된 아비달마불교나 힌두 철학파들이 주장하던 실체 개념에 의거한 입장을 《근본중송》에서는 희론戱論, prapañca이라는 말로 표현하고 있다. 희론이란 진실된 의미의 가르침이 아니라 사람들을 희롱하는 가르침이라는 의미로 거짓된 가르침을 의미한다. 이러한 희론의 가르침은 공성에 의거한 입장에서 소멸하는 것이라고 나가르주나는 다음과 같이 말한다.

> 업과 번뇌가 소멸함으로써 해탈이 있다. 업과 번뇌는 분별로부터 생긴다. 그 분별들은 희론으로부터 생겨난다. 그러나 희론은 공성에서 소멸한다.18-5

이와 같이 나가르주나는 희론이 분별의 원인이며 그 희론은 공성에서 소멸된다고 말하여 공성의 가르침이야말로 참된 가르침이라고 말하고 있다. 여기에서 말하는 공성의 가르침이야말로 《근본중송》에서 강조되는 진실된 의미의 가르침인 것임은 물론이다. 이러한 공성의 개념에 대해 나가르주나는 연기의 가르침에 의거해 다음과 같이 말하고 있다.

> 연기된 것, 그것을 우리들은 공성이라고 말한다. 그것은 의존하여 시설된 것이며, 실로 그것이 중도이다.24-18

> 어떠한 법이라도 연기하지 않는 것은 존재하지 않는다. 그런 까닭에 실로 어떠한 법이라도 공이 아닌 것은 존재하지 않는다.24-19

이러한 《근본중송》의 가르침에 의거하면 일체존재가 공성이라는 것은 연기한 존재인 까닭이며, 연기한 것이야 말로 공성의 존재로서 실체의 본질을 떠나 있는 것이라 말할 수 있다. 이와 같은 공성의 근거로서 연기의 개념은 초기불교 이래 불교적 이념의 핵심개념으로서 불교적 사유

《근본중송》에 나타나는 실체 개념의 비판

의 근본을 나타낸 것으로, 나가르주나 역시 연기설에 의거한 공성의 존재가 일체 존재의 참된 모습인 것을 밝히고 있다. 그리고 이와 같은 연기와 공성의 진실된 모습을 드러내는 부처의 가르침으로서 나가르주나는 세속제와 승의제의 이제설의 가르침을 설하고 있다. 이제설이란 존재하는 삶에 대한 두 가지 진리의 가르침으로서 《근본중송》에 등장하는 것으로, 이것은 후대 대승불교의 철학적 전개에 중요한 역할을 담당하는 개념이기도 하다. 나가르주나는 부처님은 세속제와 승의제의 이제설에 근거해 가르침을 설한다고 다음과 같이 말하고 있다.

> 모든 부처의 가르침은 두 가지 진리에 의거하여 설해진다. 세간에서 인정되는 진리 즉 세속제와 최고의 의미로서의 진리 즉 승의제이다.24-8

> 이 두 가지 진리의 구별을 알지 못하는 사람은 불법佛法의 깊은 진실된 의미를 알지 못한다.24-9

> 언설습관에 의거하지 않고서는 승의제는 설해지지 않는다. 승의제에 도달하지 않고서는 열반은 얻어지지 않는다.24-10

여기에서 말하는 세속의 진리란 세간일반 사람들의 언설에 의거한 가르침을 가리키며 승의의 진리란 그러한 언설을 떠난 경계로서 궁극의 경계를 가리킨다. 따라서 앞서 불교의 참된 가르침으로서 공성과 연기의 가르침에 있어서 공성의 경계는 승의제에, 연기적인 존재는 세속적인 경계를 나타내고 있다고 말할 수 있다. 이제설의 경계를 둘러싸고는 나가

르주나 이후 중관학파의 사상가들은 물론 유식학파의 사상가들 사이에서
도 많은 논란이 생겨나 후대 대승불교 철학의 중요한 개념으로 논의되기
에 이른다.

　　　나가르주나는 당시 새롭게 등장한 대승불교의 사상적 이념을 제
시한 것은 물론 대승불교도들이 어떠한 생활을 구체적으로 하여야 하는
가에 대해서도 분명하게 입장을 밝혔다. 대승불교의 교리와 종교적 삶에
큰 영향을 끼친 그의 사상적 위상으로 인해 나가르주나는 대승불교의 아
버지라고도 표현되기도 한다. 특히 그의 사상적 입장은 초기불교이래 고
타마 붓다의 가르침에 충실하였던 것은 물론 인도에서의 불교사상도 그
의 노력으로 인해 이후 오랫동안 지속될 수 있는 계기가 마련되었다고 할
수 있다.

《근본중송》에 나타나는 실체 개념의 비판

제8장

샨타라크쉬타의 중관철학

※본고는 필자의 논문 〈샨타라크쉬타의 자재신 비관에 대하여〉(《한국불교학》 제35집, 2003) 본 논문은 필자의 〈샨타라크쉬타의 중관사상〉(《불교사대사, 2012)에 再錄)라 는 논문의 일부를 바탕으로, 필자의 《샨타라크쉬타의 중관사상》의 내용을 결합시 켜 작성한 것이다.

샨타라크쉬타의 입장

샨타라크쉬타Śāntarakṣita, 寂護, ca.725-783는 후기중관파의 사상가로서, 7, 8세기 인도 불교계의 대표적인 사상가이자 티베트에 불교를 전한 장본인으로서 널리 알려져 있다. 나가르주나 이후 인도의 중관학파는 바비베카, 찬드라키르티로 대표되는 중기중관파와 즈냐나가르바, 샨타라크쉬타, 카말라쉴라로 시작되는 후기중관파의 역사가 전개된다. 특히 후기중관파의 전개에 있어서는 디그나가, 다르마키르티 등의 불교논리학파의 사상뿐만 아니라 유식사상과의 긴밀한 융합이 시도되는 등의 새로운 사상적 흐름이 전개된다. 이러한 사상적 흐름 속에서 불교 이외의 힌두사상에 대한 비판적 체계를 정립함은 물론 불교 내부의 사상을 총체적으로 융합 정리한 사람이 바로 샨타라크쉬타이다. 샨타라크쉬타는 7, 8세기 당시 인도의 전사상을 불교의 입장에서 비판적으로 정리하여 《타트바상그라하Tattvasaṃgraha》라는 방대한 저술을 남겼고, 불교 내부의 사상적 전통을 체계적으로 정리한 《중관장엄론中觀莊嚴論》을 저술한 것으로 유명하다. 이러한 그의 업적으로 인해 날란다의 대학장으로서 그의 명성은 널리 퍼져 티베트불교의 초창기에 승가가 뿌리내리는데 직접적인 역할을 하였다.샨타라크쉬타와 관련된 본고의 전체적인 내용은 필자의 저술 《샨타라크쉬타의 중관사상》 참조 샨타라크쉬타는 일찍이 나가르주나가 《근본중송》에서 아비달마 불교와 힌두 제학파의 실체 개념을 비판하였듯이, 자신의 《타트바상그라하》에서 당시 인도의 모든 철학 사상의 핵심적인 개념을 거론하고 그것을 비판적으로 정리하고 있다. 그리고 이 저술에 대해 카말라쉴라는 논리학적 주석의 방식을 동원해 상세한 주석서를 저술하였다. 이 《타트바상그라하》는 당시 인도의 모든 사상을 총체적으로 정리한 것은 물론 불교의 사상이 진리를 드러냄에 있어 중요한 철학 체계의인 것을 분명하게 드러낸 중요한 역할을 하였다. 전체 26장산스크리트본의 《타트바상그라하》의 각각의 장에서 비판하고 있는 개념을 살펴보면 다음과 같다.渡邊照宏, 〈攝眞實論序章の飜譯硏究〉《東洋學硏究》, 제2호, 1967 참조

제1장 : 프라크리티의 고찰

제2장 : 자재신의 고찰

제3장 : 프라크리티와 자재신의 양자

제4장 : 자성론자의 고찰

제5장 : 성범론자聲梵論者의 고찰

제6장 : 푸루샤에 대한 고찰

제7장 : 아트만에 대한 고찰

제8장 : 영속적인 존재에 대한 고찰

제9장 : 업과 과보에 대한 고찰

제10장 : 승론파의 실구의實句義에 대한 고찰

제11장 : 덕구의德句義 고찰

제12장 : 업구의業句義 고찰

제13장 : 동구의同句義에 대한 고찰

제14장 : 이구의異句義에 대한 고찰

제15장 : 화합구의和合句義에 대한 고찰

제16장 : 성의聲義에 대한 고찰

제17장 : 현량에 대한 고찰

제18장 : 비량에 대한 고찰

제19장 : 그 밖의 양에 대한 고찰

제20장 : 상대주의에 대한 고찰

제21장 : 삼세실유에 대한 고찰

제22장 : 순세파에 대한 고찰

제23장 : 외경의 고찰

제24장 : 계시에 대한 고찰

제25장 : 독자적인 인식근거에 대한 고찰

제26장 : 일체지자에 대한 고찰

　

이러한 개념들은 당시 인도의 여러 학파에서 주장하던 개념의 전체를 총합적으로 정리하여 불교의 입장에서 비판 정리한 것으로, 그러한 개념들 속에는 실체, 본체의 의미를 갖는 개념이 다수 포함되어 있음을 알 수 있다. 이러한 실체적인 개념들을 비판하고 있는 샨타라크쉬타는 자신의 사상적 입장을 어떻게 표현하고 있을까? 그는 귀경게에서 각장에서 논파하는 개념들에 대해 나열한 뒤 마지막 제6게송에서 다음과 같이 말하고 있다.

샨타라크쉬타의 중관철학

이 분은 가르침을 설하는 분 중 최고자로서, 연기緣起를 설하셨다. 이 일체
지자一切智者에게 귀명하며, 이《섭진실론》을 짓는다.K.6

이렇듯 샨타라크쉬타도 연기의 가르침을 설한 최고의 설법자로서
붓다를 칭송해 그를 일체지자로 부르며, 그가 일체지자인 것을 마지막 제
26장에서 논증하고 있다. 여기에서 그가 연기를 설하신 붓다를 찬양한 것
은 나가르주나의《근본중송》에 나타나는 귀경게의 내용과 동일한 것으
로, 그가 나가르주나 이래의 불교적 전통에 충실하고 있음을 알 수 있다.
그리고 이《타트바상그라하》에서 비판하고 있는 개념을 나가르주나의
《근본중송》의 실체 개념과 대비해보면 좀 더 시대적인 상황이 드러나고
있음을 알 수 있다 그러한 시대상황을 보여주는 대표적인 개념이 제2장
의 자재신自在神에 대한 비판으로, 이 자재신 즉 이슈바라Īśvara는 오늘날 일
반적으로 신神, God으로 번역되는 개념이다. 이 신에 대한 논쟁은 동서 고
금의 중요한 논의의 주제이지만, 샨타라크쉬타 역시 당시의 주요한 논의
로서 이 자재신을 거론해 비판하고 있다. 이하에서 그의 자재신 비판을 살
펴보고자 한다.

자재신에 대한 비판

　　제2장 〈자재신 고찰의 장〉Īśvaraparīkṣā; K.46-93은 전체적으로 자재신을 주장하는 자들의 견해를 밝히는 전주장前主張, Pūrvapakṣa, K.46-55과 그것에 대한 비판인 후주장後主張, Uttarapakṣa, K.56-93의 둘로 나뉘어 지고 있다. 곧 〈자재신 고찰의 장〉은 전주장을 통해 자재신을 주장하는 자들의 견해를 거론하고, 후주장을 통해 그 견해를 하나하나 비판해 가는 것으로 구성되어 있다. 그리고 전주장으로서 거론하는 자재신에 대한 주장은 대부분 니야야 학파의 견해가 주된 비판의 대상이 되고 있으며, 특히 니야야 학파의 웃됴타카라Uttyotakara*는 전체를 통해서 가장 직접적인 비판의 대상이 되고 있다. 이 웃됴타카라의 견해는 카말라쉴라의 주석 곳곳에서 인용되고 있어, 당시 자재신의 주장에 있어 기본적인 견해로서 간주되었음을 알 수 있다.

---

* 웃됴타카라는 AD.6세기경 니야야 학파에 속하는 인물로, 바챠야나(Vāstyāyana, ca.450-500)의《正理疏Nyāya-bhāṣya》에 대한 주서인《正理評釋Nyāya-vārttika》을 지었다. 특히《정리평석》에서는 불교논리학파의 디그나가Dignāga를 비판하고 있다. 니야야 학파와 불교와의 논쟁은 오랜 역사를 갖는 것으로, 따라서 샨타라크시타의 웃됴타카라의 비판도 이러한 역사적 과정의 일면을 보여주는 것으로 생각된다. 〈니야야 학파의 인식론·논리학〉(李芝洙,《인도 철학》제2집, 인도 철학회, 1992) p.169 참조.

샨타라크쉬타는 먼저 모든 생겨난 존재들이 자재신을 원인으로 한다는 유신론자의 견해를 다음과 같이 소개하고 있다.

다른 자들은 모든 생겨난 사물은 자재신[īṣa=īśvara]을 원인으로 한다고 말한다. 이는 어떠한 비지각적인 사물도 그 결과를 발생시킬 수 없기 때문이라고 한다.K.46

여기에서 '다른 자들'이란 인도의 니야야 학파를 가리키며 곧 그들이 주장하는 견해에 의하면 모든 존재하는 사물의 물질적인 요소는 어떠한 지각력을 가진 '정신적인 원인'에 의해 지각과 감각이 가능하다고 하는 것이다. 이러한 지각과 감각을 가능케 하는 것이 바로 정신적 원리로서 이것이 자재신인 것이다. 따라서 살아있는 모든 사물에게 보이는 '지각력을 가진 존재buddhimad'는 바로 자재신이 원인이 되어 나타났다는 것이 바로 자재신의 존재를 주장하는 자들의 견해라고 할 수 있다. 이러한 내적인 '지각적 요소'가 자재신인 것에 대해 샨타라크쉬타는 웃됴타카라의 견해를 들어 다음과 같이 말하고 있다.

결과를 발생시키는데 있어서, 법法, 비법非法, 원자原子 등의 모든 원인은 '지각력知覺力을 가진 존재'에 의해 조절된다. 왜냐하면 그것들은 생기하고 있기 때문에. [옷감을 짜는] 북이나 실과 같이.K.50

여기에서 웃됴타카라의 견해도 모든 생기하는 사물이 질서있게 생기하는 것은 사물의 근본원인으로서 '지각력을 가진 존재cetanāvadadhiṣṭhita'가 있기 때문이라고 하는 것이다. 곧 인간을 포함한 모든 존재하는 것들의 물질적인 요소를 통제하는 '정신적인 지각력을 가진 존재'가 바로 자재신인 것이다. 이 근본적인 정신적 존재는 프라샤스타마티[Praśastamati]*에 의하면, 태초에 이미 인간의 의식을 지각시킨 존재로서 인간사회에 관습을 만들게 한 존재이기도 한 것이다. 이렇듯 자재신은 태초 이래로 모든 사물의 정신적 원리로서 작용하고 있는 것으로, 바로 지각력을 가진 모든 존재가 자재신을 원인으로 하고 있는 것이다.

이와 같이 샨타라크쉬타가 비판의 대상으로 거론하는 자재신은 모든 사물들에 있어서 '지각력을 원인'으로 존재하는 것임을 알 수 있다. 샨타라크쉬타는 이러한 자재신에 대해 니야야 학파가 말하는 유일하고 영원한 존재로서의 자재신에 대해 다음과 같이 비판하고 있다.

> 영원하고 유일하며 모든 의식의 근원으로서 영원한 실체인 존재는 결코 증명될 수 없다. 앞서 말한 논리적 필연관계가 주장명제[sādhya]에는 존재하지 않기 때문이다.K.72

샨타라크쉬타는 후주장에서 논리학적 지식을 바탕으로 자재신에 대해 비판하여, 여기에서도 자재신은 논리적으로 증명할 수 없음을 밝히고 있다. 여기에서 논리적 필연관계란 전주장에서의 주장으로서K.47,48 나타나는 주장명제 즉 "그 자신의 독특한 특징을 갖는 것은 지각력을 속

---

* 프라샤스타마티에 대해서는 명확치 않다. 바이쉐시카 학파의 프라샤스타파다[Praśastapāda]와 혼동된 듯도 보이지만 확실치 않다. 영역자 Jha도 특별한 언급을 하고 있지 않다.

샨타라크쉬타의 중관철학

성으로 하는 원인에 묶여있다."와 이유명제 즉 "지적 원인이 선행해야 한다는 것" 사이의 '논리적 필연관계vyāpti'가 성립하지 않는 것을 말하고 있다. 곧 일체 존재하는 것들이 지각력을 갖는 존재임을 증명하는 이유로서 선행하는 지적 원인을 상정하지만, 그러한 지적 원인과 지각력의 존재는 필연관계가 없다고 말하는 것이다. 곧 그러한 지각력을 가진 존재가 영원하고 유일하며 의식의 근원인 지적 원인이 선행되어 존재한다고 하는 것에 대해 비판하고 있는 것이다. 여기에서 그와 같은 '지각력을 가진 존재'가 '영원하고nitya', '유일하며eka', '모든 의식의 근원으로서 영원한 실체 sarvajñanitya-buddhi-samāśraya'라고 규정하는 니야야학파에 대하여 카말라쉴라는 다음과 같이 설명하고 있다.

> 너[니야야 학파]가 증명하고자 하는 것은 세계가 지각을 가진 존재에 의해 창조된 것 뿐만 아니라, 영원하고 유일하며 일체지와 지각의 영원성을 그 의지처로 하는 일체세계의 원인으로서 자재신으로 알려진 지각력의 소유자라고 하는 주장이다.

이렇듯 니야야 학파에서 주장하고자 하는 자재신은 영원하고 유일하며, 일체세계의 원인으로서 간주되는 존재임을 알 수 있다. 하지만 이러한 영원하고 유일한 존재란 존재할 수 없다고 샨타라크쉬타는 다음과 같이 비판하고 있다.

> 우리들에게 있어 영원한 존재는 어떠한 결과도 발생시킬 수 없다. 왜냐하면 계시적繼時的인 것과 동시적同時的인 것은 상호 모순하기 때문이다.

만약 그 대상이 계시적이라면 그 인식에 있어서도 계시적이어야만 한
다.K.76

자재신의 인식도 계시적이어야만 한다. 왜냐하면 계시적이고 인식적인
사물과 관련되어 있기 때문이다. 불꽃 등과 관련한 데바닷타 등의 인식과
같이.K.77

곧 자재신이 영원한 존재로서 변함이 없는 존재라면, 계시적^{krama}
으로 생겨나는 일체존재와 근본적으로 모순이 된다고 말하는 것이다. 이
것은 영원한 존재로서 자재신과 끊임없이 변화하는 존재와의 상호 모순
을 지적한 것으로, 곧 모든 것이 계시적으로 생기하는 현상에 영원하고 유
일한 존재란 없음을 지적하고 있는 것이다. 따라서 자재신에 대한 인식도
계시적일 수밖에 없는 까닭에 자재신의 영원성은 인정될 수 없는 것이다.
그리고 영원하고 유일한 존재로서 자재신이란 생겨난 사물의 원인일 수
도 없는 것이다. 샨타라크쉬타는 다음과 같이 말하고 있다.

자재신은 생겨난 사물들의 원인일 수 없다. 왜냐하면 스스로 생겨난 일이
없기 때문이다. 허공의 꽃과 같이. 만약 그렇지 않다면 모든 사물들은 동
시에 생겨나게 될 것이다.K.87

영원하고 변함이 없는 존재로서 자재신은 모든 사물의 창조자로
서 간주되고 있는 존재이지만, 변함이 없는 존재가 변화하는 사물을 생겨
나게 했다는 것은 모순이라고 지적하는 것이다. 그리고 완전하고 절대적

인 창조자라면 처음부터 모든 것을 완전하고 동시에 모두 다 만들었을 것인데 어찌하여 계시적으로 사물은 계속해 생겨나는가를 묻는 것으로 따라서 자재신이 완전하고 절대적인 존재로서 간주될 수는 없다는 것이다. 그리고 자재신은 영원하고 절대적인 존재인 까닭에 그 창조성을 인정받는 것이지만, 그러한 영원성이 파괴된 이상 그 창조성도 인정할 수 없게 된다. 그 창조성이 부정되어진다면 전능全能한 일체지성一切智性도 부정되는 것이다. 샨타라크쉬타는 다음과 같이 말한다.

> 신의 창조력에 대한 논박에 의해 그의 일체지성 또한 무시된다. 일체지성에 대한 논쟁이 근거하는 것은 그 창조력을 기반으로 하고 있기 때문이다.K.91

이와 같이 자재신의 창조성이 부정되어진다면 일체지성Sarvajña도 부정되어, 자재신의 일체지를 주장하는 니야야 학파의 견해는 부정되는 것이다. 이렇듯 창조주로서 자재신은 영원하고 유일하며, 우리의식의 근저의 영원한 존재로 간주되지만, 이러한 자재신의 성격이 부정되는 이상 그의 창조성과 일체지성은 부정되어 진다.

이상과 같이 샨타라크쉬타는 모든 사물의 정신적 원리에서 자재신의 이유를 찾는 니야야학파의 주장에 대하여, 영원하고 유일하며 모든 의식에서 변치 않는 실체로서 자재신의 존재란 존재하지 않음을 논증하고 비판하고 있다. 이러한 자재신 비판은《아함경》에 나타나는 고타마 붓다의 초기불교 이래 자재신에 대한 비판과 나가르주나의 실체 개념에 대한 비판의 흐름을 잇고 있다고 말할 수 있다. 특히 나가르주나 이래 불교의 연기설에 대한 천명과 실체 개념에 대한 비판이 샨타라크쉬타에 이르러서도 더욱더 불교의 근본입장으로서 확고하게 자리 잡고 있음을 알 수 있다.

03

무자성에 대한 논증

샨타라크쉬타는 《타트바상그라하》에서 당시 인도의 모든 학파들의 견해를 총체적으로 정리하고 그것을 불교의 입장에서 비판 정리하고, 그리고 마지막 장에서는 고타마 붓다의 위대성을 드러내고자 시도하였다. 이러한 샨타라크쉬타의 노력은 당시 불교에 대해 사상적 논전을 펼치고 있던 인도 힌두 철학에 대한 불교적 입장의 선양으로 이러한 노력으로 후대 인도에서 불교는 그 생명력을 이어갈 수 있었다. 그렇지만 샨타라크쉬타는 이렇게 타학파의 개념을 총체적으로 비판하는 《타트바상그라하》를 저술한 이후 스스로의 사상적 입장을 드러내는 저술인 《중관장엄론》을 저술한다. 이 《중관장엄론》은 후대 인도의 중관철학의 입장을 잘 보여주는 책으로 가히 샨타라크쉬타의 대표적인 저술이라고 할 수 있다. 이 《중관장엄론》의 저술 목적은 이미 《타트바상그라하》에서도 비판, 고찰한 실체 개념에 대한 비판으로 다시 말해 무자성의 논증을 보다 구체적으로 시도한 것이라고 말할 수 있다. 이러한 실체 개념에 대한 비판으로서 무자성에 대한 논증은 고타마 붓다의 무아설에 대한 가르침 이래 나가르주나의 실체 개념에 대한 비판의 전통을 잇고 있는 것으로, 샨타라크쉬타는 보다 구체적이고 세밀하게 무자성에 대한 논증을 시도하고 있다. 그리고 이러한 논증에 있어 무엇보다도 눈에 띄는 것은 그가 다르마키르티 이래의 불교논리학에 정통하고 있다는 것과 그의 논증이 구체적인 인간의 인식론상의 문제를 구체화 하고 있다는 것이다. 여기에서 인식론상의 문제는 특히 나가르주나 이래 중관학파의 주요한 논쟁점이었던 이제설二諦說의 가르침과 밀접하게 결부되어 있다. 곧 인식되는 객관대상과 주체의 문제를 논리적으로 고찰하는 세간에서의 작업은 궁극적인 진실로서 승의의 진리를 탐구하는 과정이며, 또 그러한 논리적 고찰의 과정은 진실로 이끄는 방편으로서 세속적인 진리라고 간주하는 것이다. 다시 말해 논리적인 방식에 의한 고찰은 승의의 진리로 인도하는 구체적인 방식으로, 이 논리에 의한 고찰을 통해 존재하는 사물이 궁극적으로 자성을 갖지 않는 무자성인 것이 증명되는 과정은 승의제를 드러내는 과정이지만 그러한 논리적인 고찰을 가하지 않는 한에서의 일반적으로 인정되는 사물세계는 세속제로서 인정된다고 하는 것이다. 이러한 샨타라크쉬타의 입장은 그의 《중관장엄론》의 서두에 잘 드러나고 있다.

그는 다음과 같이 말하고 있다.《중관장엄론》의 번역에 대해서는, 남수영역《적호의 중관장엄론》, 여래, 2007 참조

자리自利와 이타利他의 원만을 성취하기 위하여 누구에게도 의존함이 없이 나아가는 사람은 '고찰하지 않는 한 즐겁게 인정되는' 존재물을 영상등과 같이, 진실로서는 무자성이라는 것을 이해한다면 번뇌장과 소지장의 모두를 끊을 것이다. 그런 까닭에 논리論理와 성교聖敎로서 일체법이 무자성인 것을 완전히 이해시키기 위해 열심히 노력하는 것이다. 따라서 '실재하는 것의 힘에 의거한 추론'을 동반하지 않는 성교를 수신행자隨信行者

샨타라크쉬타의 중관철학

들도 완전히 만족하지 않을 것이기 때문에 논리를 먼저 설해야 한다.

이러한 서두의 목적을 살펴보면 샨타라크쉬타의 의도가 존재하는
일체사물이 무자성의 존재임을 밝히고자 하는 것을 알 수 있고 그러한 목
적을 위해 먼저 논리적인 고찰이 이루어져야 함을 강조하고 있는 것이다.
이러한 논리적인 고찰의 구체적인 입장을 보여주는 것이 제1의 게송으로,
다음과 같다.

> [주장] 자파와 타파가 설하는 이들 실재하는 것은 진실에 있어서 무자성이
>   다.
> [이유] 일一과 다多의 자성을 떠나 있는 까닭에.
> [유례] 영상과 같이.

이 제1게송은 후대 티베트의 위대한 학승인 총카파가 무자성에 대
한 4대 논증으로서 간주한 '이일다성離一多性의 증인의 논증식'이라 부른
것으로, 존재하는 것들은 진실 즉 승의에 있어서는 무자성인 존재로서 그
것은 구체적으로 실체적 존재인 자성을 가지지 않는다는 것이다. 곧 존재
하는 사물에는 하나이든 다자이든 실체로서 자성이 존재하지 않기 때문
이다. 따라서 《중관장엄론》은 이렇게 무자성을 논증하기 위해 전체 97게
송 중 62게송으로서 그러한 무자성을 논증하고 있는 것이다. 이러한 무자
성에 대한 논증 가운데 특히 중요한 것은 그가 인식론적인 관점에서 외경
의 대상과 의식과의 관계를 매우 상세하게 고찰하고 있는 것이다. 곧 그는
존재하는 것들에 대한 고찰로서 설일체유부 등에서 주장한 외적外的인 존

재를 지칭하는 법의 개념으로서 변재遍在하는 것, 무위법, 극미 등의 외계현상에 대한 고찰을 시도한 뒤 우리 인간의 의식 내부의 인식을 일으키는 인식대상과 인식주체의 관계를 세밀하게 고찰해 간다. 이러한 인식과정에서의 고찰에 있어 샨타라크쉬타는 인식주체로서 지식知識은 기본적으로 자기인식적自己認識的인 주체라고 간주하고 논의를 진행시키는데 그 특징이 있다. 그는 지식은 기본적으로 스스로가 스스로를 인식하는 자기인식이라는 것을 다음과 같이 말하고 있다.

> 부분을 갖지 않는 하나의 자성에 [능취·소취·인식의] 세 가지 자성이 있다는 것은 올바르지 않기 때문에 그 자기인식은 능소의 관계를 갖는 것이 아니다.K.17

이와 같이 지식의 근본적인 성질이 자기인식이라고 하는 것은 샨타라크쉬타가 승의의 무자성 논증의 과정에서 유식사상의 입장으로서 자기인식을 전제하고 있는 것이라고 말할 수 있다. 곧 승의적인 입장으로서 지식은 본질적으로 단일적인 성격을 가지게 되며, 그러한 지식의 일자성을 확보한 뒤 논리적인 고찰을 시도하고 있는 것이다. 이러한 논리적인 고찰의 작업을 통하여 보다 구체적으로 인식대상으로서 형상形象과 지식의 관계를 고찰하고 있다. 그러한 인식론상의 고찰은 구체적으로 무형상유식론·유형상유식론·형상허위론·형상진실론 등의 순서로 고찰이 이루어지고 있는 것으로, 이것은 불교내부의 경량부·유식사상 등에 대한 고찰을 세밀하게 시도하고 있는 것이라고 할 수 있다.본서의 외경과 형상에 대한 구체적인 내용은 필자의 《샨타라크쉬타의 중관사상》 참조. 다시 말해 샨타라크쉬타는 무자성의

샨타라크쉬타의 중관철학

논증을 위해 설일체유부·경량부·유식사상 등의 핵심개념을 전제로 그 논리적인 고찰을 시도하였던 것이다. 이러한 논리적인 고찰을 시도한 뒤 샨타라크쉬타는 다음과 같이 말하고 있다.

어떠한 것을 고찰했을 때 거기엔 일자의 자성인 것은 없다. 어떠한 것에 하나인 것이 없다면 거기엔 다자인 것도 없다.K61

일자와 다자의 것 외에 다른 방식의 존재는 있을 수 없다. 그 둘은 상호 배제하여 존재하는 까닭에.K62

이와 같이 실체인 자성의 존재가 일자인가 다자인가의 논증인을 통하여 승의의 무자성을 증명한 뒤에 샨타라크쉬타는 세속제의 개념에 대해 설명하고 나아가 이러한 이제의 개념을 각종 경론등을 통해 방증하고 있다. 그리고 결론의 부분에 이르러서는 다음과 같이 말하고 있다.

유심唯心에 의존하여 외경이 무인 것을 알아야 한다. 이 방식에 의거하여 그 유심도 무아인 것을 알아야 한다.K.92

두 가지 방규[=중관과 유식]라는 마차를 타고 정리라는 고삐를 단단히 쥐고 있는 자는, 그런 까닭에 생각하는 그대로 대승교도의 지위에 도달한다.K.93

여기의 게송을 통해 샨타라크쉬타는 승의에서의 무자성의 논증이 불교의 핵심적인 가르침인 무아설에 대한 자신의 입장을 제시한 것임을 알 수 있고, 또한 그러한 논리를 통한 증명작업을 통해 무자성에 대한 이치를 온전히 알면 참다운 대승교도의 지위에 도달한다고 말하고 있다. 따라서 무자성의 논증에 대한 이러한 고찰은 고타마 붓다 이래의 불교의 가르침에 대한 확인인 것은 것은 물론 당시 인도의 여타 철학파에 대해 불교의 입장을 분명하게 드러낸 것이라고 말할 수 있다.

샨타라크쉬타 사상의 의의

샨타라크쉬타는 《타트바상그라하》를 저술하여 당시 인도의 거의 모든 학파의 핵심적인 개념을 비판적으로 정리하고 또 《중관장엄론》을 저술하여 자신의 사상적 입장을 분명히 하였다. 특히 《중관장엄론》에서의 사상적 입장이란 나가르주나 이래의 실체 개념에 대한 비판으로서 무자성에 대한 논리적인 증명을 시도하였던 것이다. 이러한 논리적인 증명의 전개에 있어 불교의 유식사상에서 보이는 인식론적인 고찰이 상세하게 나타나 인식대상으로서 형상과 인식주체로서 지식과의 관계를 논리적으로 고찰하고 있다. 여기의 인식대상으로서 형상은 외계에 존재하는 실물로서의 사물이 아니라 우리 인간의 의식상에 표상된 사물을 의미하는 것으로, 인식상의 대상을 의미한다. 이러한 인식대상으로서 형상은 지식과 동일한 성질의 것이지만, 대상으로서 형상에 비추어진 다양한 성질 즉 다자多者의 자성의 성질은 일자성一者性의 지식과 늘 모순을 갖게 되는 것이다. 다시 말해 지식의 단일한 성질과 형상이 지니는 다양한 성질은 자성이라는 실체의 개념을 전제로 할 때 항상 모순을 갖게 되는 것이다. 그러한 인식론상의 고찰을 통해 지식의 단일성은 부정되고, 단일성을 전제로 한 인식론적인 설명은 성립하지 않게 되는 것이다. 여기에서 샨타라크쉬타가 지식의 성질을 자기인식이라는 일자성이라고 전제한 것도 일종의 귀류법으로서, 그와 같이 지식의 일자성을 전제하면 논리적인 모순에 빠지게 되는 까닭에 지식 또한 무아이며 무심이라고 말하고 있는 것이다.

그리고 이 샨타라크쉬타의 논리적 고찰을 통한 논증에서 주의할 것은 논리적인 고찰 그 자체는 세속의 성질이라고 하는 것이다. 이러한 승의의 진실을 밝히기 위한 논리적인 고찰을 '승의에 수순하는 승의'라고 하여 궁극적인 승의와 구별하고 있는 것에 샨타라크쉬타 사상의 특징이 나타난다고 할 수 있다. 곧 논리적인 고찰은 승의의 진리를 드러내는 데는 유용하지만, 그 자체는 세속의 성질인 것이다. 따라서 그러한 논리에 의거하면, 궁극의 진리를 탐구해가는 과정에서 나타나는 유부·경량부·유식사상의 이론들도 모두 세속적인 언설의 영역을 벗어나지 못하는 것이다. 그런 까닭에 궁극적인 진리의 경계는 유심도 무아라고 하는 경계와 같이 유와 무, 생과 불생, 공과 불공 등의 일체의 상대적인 경계를 벗어나 있는 것이다. 그리고 그와 같은 일체언설의 경계를 떠나 있는 승의의 경계는 우리의 인식론상에서 유심의 경계를 초월해 있는 심오한 마음의 경계이기도 한 것이다. 이렇게 유심적인 관점에서의 승의의 고찰은 우리 인간 의식의 깊은 세계를 보다 존중하고 이해하려는 입장을 나타내고 있다고도 생각된다.

샨타라크쉬타는 이러한 자신의 저술들로 인해 큰 명성을 얻고 또그 명성은 멀리 티베트에도 전해져 그의 생애 후반에는 티베트에 불교를 전한 장본인이 된다. 그리고 티베트에 불교승가가 설립되는데 중심역할을 하게 되며, 또한 후대 티베트불교의 향방을 결정하는 삼예의 종론을 예언해 카말라쉴라를 초청하도록 하였다고도 전한다. 나가르주나 이래 불

샨타라크쉬타의 중관철학

교의 사상적 원점을 연기설의 선양에 두고 다양한 힌두의 철학파를 비판한 것은 물론 불교의 독자적인 입장을 분명히 밝힌 샨타라크쉬타의 사상적 태도는 여전히 오늘날에도 많은 시사점과 귀감을 보여준다고 생각된다.

제9장

지성불교의 철학

지성불교의 철학적 전개

필자는 초기불교의 부처님의 정신을 지성불교라는 관점으로서 정리를 시도하였고, 그러한 지성불교의 성격이 대승불교에 이르러 대승의 보살에 의해 더욱 체계화되고 철학적인 정립이 이루어진 것을 앞서 언급하였다. 그리고 좀더 구체적으로 대승불교 교단의 실태로서 보살승가의 면모를 살펴보았고, 지성불교의 개념이 더욱 철학적으로 정립되고 전개되는 과정을 나가르주나의 사상이나 샨타라크쉬타의 철학 등을 통해 고찰하였다. 이렇게 앞서 거론한 대승불교의 입장을 반영해 지성불교의 역사적 전개에 대한 흐름을 다시 한번 정리해보기로 한다.

고타마 붓다의 재세 당시 인도는 다양한 철학 사상이 난무하였으며 그러한 상황에서 진리를 찾아 깨달음을 얻은 고타마 붓다는 기존의 철학 사상과는 다른 독특한 가르침을 전개하였다. 그것이 중도와 연기에 근거한 가르침으로서, 고타마 붓다는 이 가르침에 근거해 당시 존재하던 여타의 모든 가르침을 논리적으로 비판하고 또한 자신의 입장을 드러내었다. 당시 이미 존재하고 있던 기존의 바라문교의 종교 사상은 물론 육사외도로 대표되는 새롭게 등장한 사문들의 철학 사상에 대하여 중도의 입장에서 그러한 사상을 총체적으로 비판하여 자신의 철학적 입장을 분명히 하였다. 그리고 그러한 중도의 철학적 입장은 연기법에 대한 자각에 근거한 것으로, 붓다는 일체의 존재하는 현상들은 연기의 법칙에 따라 생성, 소멸하고 있음을 분명히 밝혔던 것이다. 이러한 중도와 연기에 근거한 고타마 붓다의 가르침은 불교 교학의 핵심을 이루며, 이후 불교 철학의 전개에 중요한 역할을 한 것은 물론이다. 그리고 그러한 철학적 입장은 대승불교에 이르러 보다 분명하게 그 철학적 체계가 드러나고 있다.

    대승불교는 불교 역사상 새로운 종교운동이지만, 불교의 전통에서는 설일체유부로 대표되는 부파불교의 철학 사상에 대한 반발이자 고타마 붓다의 불교정신에 대한 새로운 이해라고 할 수 있다. 그리고 여기에는 고타마 붓다의 철학적 입장에 대한 확신은 물론 당시 불교계의 추구 이념에 대한 비판적 입장이 담겨져 있음은 물론이다. 곧 당시 설일체유부로 대표되는 부파불교에서는 출가자 중심의 승단체제를 중심으로 깊은 철학적 논의 즉 아비달마불교가 철학적 사색의 중심을 이루고 있었다. 고타마 붓다의 가르침으로서 법에 대한 철저한 토의 및 연구가 그 주류를 이루었고, 그러한 결과로 다양한 아비달마 문헌이 만들어지고 또한 불교의 철학적 체계도 치밀해 졌다. 이러한 아비달마 문헌의 교학체계에 의하면 붓다의 깨달음의 경계는 당시 불교의 최고 성자로 간주된 아라한조차도 미칠수 없는 절대적인 경지의 존재로 간주되었다. 곧 재가의 불교도는 물론 출가의 불교도라도 붓다의 경계에 도달하는 것은 가히 불가능에 가까운 것이었다. 이러한 부파불교의 전체적인 흐름으로서 붓다에 대한 절대적 추앙은 대승불교도의 입장에서는 이해하기 어렵고 용납하기도 어려웠다고 생각된다. 곧 대승불교도의 입장에서는 불교의 교주인 고타마 붓다가 모든 중생이 붓다의 경지에 도달할 수 있고 깨달음의 가능성을 가지고 있다고 설했음에도 중생과 부처가 전혀 별개라고 하는 것은 받아들일 수 없었다고 생각된다. 다시 말해 일체중생이 붓다가 될 수 있는 가능성을 가졌고 그러한 가능성을 계발해 붓다가 되는 것이 고타마 붓다의 근본이 된 뜻임에도 불구하고, 붓다의 경계는 중생이 범접할 수 없는 절대경계라는 것은 이해하기 어려웠고 받아들일 수도 없었던 것이다.

　　　이러한 입장의 대승불교도는 또한 설일체유부의 교학에서 말하는 것과 같은 제법의 자성自性 즉 일체 존재를 구성하는 요소로서 제법의 본성 등과 같은 철학개념도 받아들일 수 없었다. 곧 아비달마교학에서는 고타마 붓다가 설한 무아의 가르침에 근거해 우리 인간 내면의 본질적인 존재로서 아 즉 아트만과 같은 것은 없더라도, 일체 존재하는 현상들은 각각 그것들이 과거·현재·미래의 삼세에 걸친 변치않는 자성을 가지고 있기에 우리의 삶이 존재하는 것이라고 주장하였다. 이러한 입장은 후에 인무아人無我와 법체항유法體恒有의 가르침으로 정리되지만, 이러한 입장에 대해 대승불교도는 인무아는 물론 존재하는 현상들의 다양한 요소로서 제법도 무아라고 하는 법무아法無我를 주장하였던 것이다. 그리고 그러한 인무아와 법무아의 가르침에 대한 통찰이 곧 반야지혜로서 고타마 붓다가 강조한 가르침이라고 주장하였다.

　　　이와 같이 대승불교는 일체중생이 모두 붓다가 될 수 있다는 이념을 바탕으로 부파불교의 철학 사상에 대한 비판적 의식을 가지고 등장한 새로운 불교운동이라고 할 수 있다. 따라서 그들은 중생과 붓다가 다르지 않다면 붓다라는 근거는 어디에 있는가에 대해 깊이 사색하였고, 그 결과 붓다는 최고의 지혜를 얻은 분으로서 그 지혜에 대한 통찰력은 반야바라밀다에 대한 실천에서 나오는 것이라고 확신하였다. 그리고 이 반야바라밀다의 실천은 일체 중생에게 모두 개방되어 있는 실천으로, 이것을 통해 붓다의 경계에 이르고자 하였다. 그렇지만 대승의 불교도는 그와 같이 붓다의 경계가 모두에게 개방되어 있다하더라도 스스로를 붓다라고 지칭하지 않고 보살이라 불렀다. 곧 붓다와 같은 경계를 얻고자 노력하지만 더불어 살아가는 중생에 대한 이해를 함께 해야 한다는 뜻을 담아 보살이라 불렀던 것이다. 이 보살은 대승불교도가 이상적인 인물로 내세운 인간상으로서, 그 연원을 따지면 고타마 붓다의 전생前生의 모습을 담고 있다.

따라서 대승불교도는 부처님의 이상을 따라 수행정진하며 붓다의 이상을 실현하고자 한사람이라고 말할 수 있다. 이러한 대승의 보살은 대승경전에 의거하면 출가의 보살과 재가의 보살로 구분되지만, 출가의 보살이 더욱 이상적인 것으로 간주되고 있다. 그러한 출가의 보살로서 관세음보살·미륵보살·문수보살·보현보살 등과 같이 대승의 승가 즉 보살승가를 인도하는 지도적 인물의 출가보살상이 등장하고, 또 이들을 소재로 한 경전이 만들어져 대승불교의 이념을 구현하는 중요한 방편으로 사용되기도 하였다. 그와 같이 대승의 보살승가는 새롭게 불교의 이상을 실현하는 수행자집단의 모습으로 인도 불교의 역사에 활력소를 불어 넣고, 더불어 대승불교가 인도 뿐만아니라 중국 등 주변지역으로 본격적으로 전파되는 계기를 만들었다. 그리고 그 대승불교는 나가르주나에게 이르러 새로운 철학 사상의 전개가 이루어져 고타마 붓다 이래의 인간의 지성이 더욱 노정露呈되는 역사적 단계를 보여준다.

나가르주나는 대승불교의 철학적 체계를 세운 사람으로서 그는 《근본중송》을 저술함으로서 자신의 이름을 후대에 널리 알렸다. 《근본중송》의 귀경게에서도 잘 나타나듯 그는 고타마 붓다의 연기설에 의거해 자신의 사상적 체계를 세우고 그 연기설의 개념과 반대되는 실체적인 개념을 총체적으로 정리하여, 비판 고찰하고 있다. 그가 비판한 실체의 개념은 아비달마불교의 자성 개념뿐만 아니라 당시 힌두 철학의 핵심개념들도 총체적으로 담겨져 있다. 이와 같이 연기설에 의거해 실체 개념을 비판하는 것은 나가르주나이후 6백 여 년이 지난 뒤의 인물인 샨타라크쉬타에게서도 재현되어 그 역시 《타트바상그라하》에서 당시의 실체 개념을 총체적으로 정리해 비판 고찰하고 있다. 이렇게 나가르주나나 샨타라크쉬타에게서 보듯 당시의 다양한 철학개념을 총체적으로 비판 고찰하는 작업은 고타마 붓다 이래의 지성적인 작업의 전승으로, 그들도 모두 고타마 붓다의 연기설과 중도의 개념을 근간으로 삼아 비판 고찰을 전개해 간 것이다. 그리고 이러한 비판 고찰의 전개에 있어 나가르주나나 샨타라크쉬타에게서 보이는 중요한 철학적 원리가 이제설二諦說에 근간을 둔 중도의 입장인 것을 확인할 수 있다. 곧 세속제와 승의제의 입장을 전제로 연기와 공성의 입장을 명확히 하고 그것을 중도로 회통하여 정리하고 있는 것이다.

　　이러한 중도로서의 회통의 논리는 필자가 주장하는 지성불교의 철학적인 체계를 담고 있는 것이라고도 말할 수 있다. 곧 고타마 붓다의 가르침에서 나타난 중도와 연기의 원리는 이러한 이제와 중도를 바탕으로 하는 중관철학의 체계에서 더욱 그 논리적인 확실성을 보여주고 있다고 생각된다. 그렇다면 그러한 이제와 중도의 관계를 좀 더 세밀하게 살펴보기로 한다.

02

이제설

　　세속에서의 진리 즉 세속제와 궁극적인 의미에서의 진리 즉 승의
제의 이제二諦에 대한 개념은 역시 나가르주나의《근본중송》에서 명확히
나타난다. 비록 이제의 개념은 부파불교의 논서나 여타의 대승경전들에
서도 나타나곤 하지만, 철학적인 의미를 가지고 분명히 서술되고 있는 것
은《근본중송》에서이다. 이렇게《근본중송》에서 체계적으로 정립된 이제
의 개념은 이후《근본중송》을 주석한 중관학파의 사상가들 사이에서 더
욱 깊게 논의되고, 또 그러한 논의는 후기중관파인 샨타라크쉬타에 이르
러서도 계속하여 중요한 논의의 테마가 된다. 이렇게 대승불교의 역사상
오랜 기간 중요한 사상적 의미를 갖는 이제의 개념에 대해 나가르주나는
《근본중송》에서 다음과 같이 말하고 있다.

　　모든 부처님의 가르침은 두 가지 진리에 의거해 설해진다. 세간에서 인정
　　되는 진리 즉 세속제와 최고의 의미로서의 진리 즉 승의제이다.24-8

　　이 두 가지 진리의 구별을 알지 못하는 사람은 불법佛法의 깊은 진실된 의
　　미를 알지 못한다.24-9

언설습관에 의거하지 않고는 승의제는 설해지지 않는다. 승의제에 도달
하지 않고는 열반은 얻어지지 않는다.24-10

　이 《근본중송》에서 나가르주나가 설하는 이제의 기본적인 개념은
붓다의 가르침에 대한 두 가지 방식을 가리킨다. 곧 고타마 붓다의 가르침
은 이 두 가지 진리를 설하는 방식으로 설해진다는 의미로, 그렇다면 세속
제는 언설로서 표현된 진리의 표현방식이며 승의제는 언설을 떠난 진리
표현의 방식이다. 여기에서 언어로 표현된 진리의 방식과 언어 표현을 떠
난 진리 표현방식이란 의미는 기본적으로 우리 인간 정신적 사유의 표현
형태를 지칭하는 것이라 생각된다. 즉 정신적 작용을 통해 분별 사유되어
언설로 표현된 방식의 진리와 그러한 정신적 사유를 넘어서서 언설로 표
현할 수 없는 경계에 있는 진리에 대한 방식을 말하는 것이다. 이러한 언
설표현의 가능성과 불가능성은 달리 말하면 분별의 경계와 무분별의 경
계라고 표현하는 말이기도 하다.
　　생각과 사유를 통해 이해하고 언표言表할 수 있는 경계와 언표하기
는 어렵더라도 실질적으로는 부정할 수 없는 초월적 정신 작용의 경계라
고 말할 수 있다. 이러한 사유 가능한 경계는 언어로서 표현이 가능한 경
계이며, 사유를 초월한 무분별의 경계는 언어로서도 표현할 수 없는 영역
의 경계이기도 한 것이다. 이렇듯 《근본중송》에서의 이제의 개념은 그러
한 언설표현의 가능과 불가능을 전제로 이제를 구분하고 있으며, 그러한
구분을 아는 사람은 불법佛法의 깊은 의미를 아는 사람이라고 말하고 있
다. 그리고 그러한 언표의 경계와 관련해 언설표현이 가능한 세속제의 방
식을 통해서만 승의의 경계는 표현될 수 있고, 또 승의의 경계에 도달하여

지성불교의 철학

야 열반의 경계는 얻어지는 것이라고 말하고 있다. 여기에서 이러한 언설
표현의 가능성 여부를 경계로 그 양쪽에 대한 정확한 이해가 전제되어야
하는 것도 일종의 중도라고 표현할 수 있을 것이다. 따라서 이러한 언설표
현 유무와 승의와 세속의 경계를 중도의 개념과 관련시켜 표로 나타내면
[표1]과 같을 것이다.

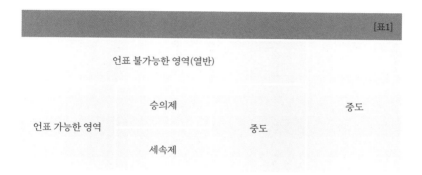

[표1]

언표 불가능한 영역(열반)

승의제   중도

언표 가능한 영역   중도

세속제

    나가르주나에 의해 이와 같이 언급된 이제의 개념이 실제 중요한
의미를 갖는 것은 이제의 설명 이후에 전개되는 불교의 핵심개념 즉《근
본중송》제24장 제18게송에 나타나는 연기 - 공성 - 가법 - 중도의 의미
와 밀접하게 관련을 갖는다. 좀 더 세밀한 것은 다음절에서 다룰 예정이지
만, 실제 이제의 개념에 있어 언어표현이 가능한 세속의 진리와 언어표현
이 불가능한 승의의 경계는 그 자체로서 중요한 의미를 갖는다고는 하기
어렵다. 곧 존재하는 모든 철학종교의 가르침에 있어서도 그러한 이제의
개념은 다 적용될 수 있는 것이지만, 실제 이 이제의 개념이 중요한 것은
연기와 공성, 중도의 의미와 밀접하게 관련을 가지기 때문이다. 다시 말해
이러한 중요 개념과 관련하여 후대 중관학파의 사상가들은 이제의 개념

에 대한 논리적인 설명을 한 것으로, 그러한 설명 중 중기중관파의 바비베카의 해석은 이제의 개념 중 특히 승의제와 관련해 엄밀한 설명을 한 것으로 중요하다.

바비베카에 의하면 승의제의 경계는 ①언설 표현될 수 없는 무분별의 경계와 ②외경의 대상이 표상되지 않는 무경無境으로서의 경계 그리고 ③언설표현이 가능한 경계의 셋으로 나누고 있다.필자《샨타라크쉬타의 중관사상》pp.285-290 참조 이 가운데 ③의 경계는 무생無生 등의 용어를 사용한 설시와 문사수聞思修 등에 의해 생긴 반야의 경계로서의 승의로 구분하고 있다. 여기에서 ①과 ②는 언설표현을 초월한 체험이나 증득의 단계를 가리킨다면 ③의 단계는 붓다의 가르침에 따른 지혜의 증득의 구체적인 표현으로서 언설의 단계로, 이 ③의 단계는 달리 말하면 진리를 체득한 이후 작동하는 세간에 대한 청정지淸淨知라고 말할 수 있다. 곧 진리를 체득한 뒤에 언표되는 지혜로운 언설이 작용하는 경계인 것이다. 그렇지만 바비베카에게 특징적인 면은 이 승의의 언설작용이 보다 실질적으로는 세속의 경계에 속한다고 하는 것이다. 곧 그것은 세속의 언설로서 진실의 경계를 표현하고 있다는 것으로, 세속의 언설은 진실을 표현하는 도구라는 것이다. 그는 다음과 같이 말한다.

올바른 세속이라는 사다리가 없으면 진실이라는 누각의 꼭대기에 오르는 것은 학자에게는 불가능하다.《중관심송》제3장 〈진실지의 탐구〉K.12

이와 같이 언설 표현 가능한 승의의 경계란 실제 세속의 언설로서 표현된 진실의 경계라는 것으로, 승의의 진실로 간주되더라도 그것은 세

지성불교의 철학

속의 언어표현을 떠날 수 없다고 하는 것이다. 이런 의미에서 궁극의 승의의 진실은 언어를 떠나는 것과 언어로 표현되는 두 가지로 구분하는 것도 가능해지는 것이다. 이와 같은 바비베카의 입장은 후기중관파인 샨타라크쉬타에게로 이어져 진실된 입장 즉 승의의 경계에서의 진리를 드러내는 논리적인 작업의 표현으로 전개된다. 실제 샨타라크쉬타의 이제설에는 바비베카뿐만 아니라 찬드라키르티, 다르마키르티 등 이전의 불교사상가의 이제의 개념이 거의 망라되어 나타나지만, 특히 승의의 경계에 대한 설명에는 바비베카의 입장이 깊게 반영되어 있는 것을 알 수 있다. 샨타라크쉬타는 그의 주저 《중관장엄론》 제1게에서 그 책을 저술하는 목적이 일체법무자성에 대한 논증에 있음을 같이 말하고 있다.남수영 역, 《적호의 중관장엄론》, 여래, 2007, p.20 참조

> [주장] 자파와 타파가 설하는 이들 실재하는 것은 진실에 있어서 무자성이다.
>
> [이유] 일과 다의 자성을 떠나 있는 까닭에.
>
> [유례] 영상과 같이.

이 논증식의 게송에서 '진실에 있어서'라는 입장은 승의의 경계를 나타내고 있는 것으로, 곧 논리식에 의한 진리의 경계에 대한 탐구는 단순한 세간적인 경계가 아니라 진실을 추구하는 보다 궁극의 경계를 드러내는 작업인 것을 분명히 하고 있다. 따라서 샨타라크쉬타는 이러한 논리적인 작업을 통해 일체법무자성의 논증을 시도하고, 그러한 논증의 과정 속에서 불교 제학파의 사상적 입장으로서 설일체유부·경량부·유식사상의

입장을 논파하고, 결론에 이르러서는 중관사상에 의거하여 마음이라는 현상에 얽매여서도 안 된다고 말하며 유심도 무아라고 말하고 있다.

이렇게 무자성의 진실을 논증하는 작업은 고타마 붓다 이래 불교의 진실된 입장을 드러내는 작업은 물론 나가르주나가 《근본중송》에서 강조한 공성에 대한 논리적인 확인 작업이기도 하였던 것이다. 그리고 샨타라크쉬타는 이렇게 진실을 탐구하는 논리적인 작업은 본질적으로는 세간의 언설을 통한 입장에서 승의의 경계를 드러내는 것을 인정하고 있었던 것으로 그는 언설표현이 불가능한 궁극의 승의경계를 달리 인정하고 있었던 것이다.

세속의 경계에 대하여 샨타라크쉬타는 《중관장엄론》에서 ①논리적인 고찰을 가하지 않는 이상 즐겁게 받아들일 수 있고, ②생멸의 성질을 가지며, ③효과적 작용능력을 갖는 것으로서 정의를 내리고 있다_{남수영 역, 앞의 책, p.117 참조}. 이러한 세속의 정의는 실제 우리의 삶을 영위시키는 일체 현상의 작용 내지는 현상적인 능력을 전제로 한 구체적인 사물들의 활동으로서, 이것을 달리 말하면 연기적인 활동으로 생성된 사물일반을 가리키는 것이라 말할 수 있다. 곧 현상으로서 서로 영향을 주고받을 수 있는 구체적인 활동능력 내지는 그러한 능력이 언표로서 나타난 연기적인 삶의 경계로서 이는 곧 연기로서 드러난 삶의 경계라고 말할 수 있다. 아울러 샨타라크쉬타는 세속에서의 삶의 형태 중 앞서의 세 가지 성질을 가지지 않는 말 뿐인 허구의 존재로서 비진실의 세속의 존재를 인정하고 있다.

이렇듯 샨타라크쉬타가 말하는 이제의 개념을 살펴보면, 승의의 경계는 ①언설표현 불가능의 경계와 ②언설표현 가능의 경계로 나눌 수 있고 세속의 경계는 ①연기의 작용에 의한 구체적인 세속의 삶으로서 진

지성불교의 철학

실세속과 ②허구적인 경계의 모습으로서 비진실세속의 둘로 나눌 수 있다. 그렇다면 이 승의제와 세속제의 이제의 개념과 보다 구체적으로 관련을 맺고 있는 공성과 연기는 어떠한 의미를 갖는 것인지 다음에서 살펴보기로 한다.

03

공과 연기

나가르주나의 《근본중송》에서 정립된 이제의 개념은 실제 《근본중송》 안에서는 그다지 상세한 설명이 나타나지 않는다. 또한 《근본중송》에서 심혈을 기울이고 있는 실체 개념에 대한 비판으로서 무자성에 대한 논증이 공성에 대한 논리적인 설명을 의미하지만, 그러한 공성의 개념이나 연기의 개념이 실제 이제설과 어떠한 의미를 갖는가도 명확치는 않다. 그렇지만 《근본중송》에 나타나는 공성과 연기에 의거한 삶의 원리가 일체의 삶의 근거가 되고 있음은 분명하며, 그러한 의미에서 공성과 연기는 붓다의 가르침을 드러내는 이제설과 밀접하게 관계하는 것은 물론이다. 이러한 이제설과 공성과 연기의 원리에 대해 특히 《근본중송》 제24장 〈관사제품〉은 그 이치를 분명히 밝히고 있다.

이 〈관사제품〉은 실체를 주장하는 자성론자와 나가르주나 자신의 입장으로서 공성론자와의 대론 형식으로 그 내용이 전개된다. 즉 공의 개념에 대하여 자성론자의 사람들은 공은 일체의 모든 것을 부정해버리는 부정주의, 허무주의를 대표하는 용어로서 "공성을 말한다면 그대는 결과가 실재하는 것이나 비법非法, 법法 등 일체세간의 언설습관을 파괴하는 것이 될 것이다[24-6]"라고 비판하고 있다. 이러한 자성론자의 공성 이해에 대하여 《근본중송》에서는 그러한 입장을 "그대는 공성에 있어서의 효용과 공성과 공성의 의미를 알지 못하는 것24-7"이라고 말해 자성론자의 이해와는 전혀 다른 입장임을 분명히 밝히고 있다. 곧 나가르주나는 공성론자의 입장에서 앞에서와 같은 승의제와 세속제의 이제에 대해 설명한 뒤, 공성의 입장이야말로 일체존재가 성립하는 타당한 입장임을 밝히고 있다.24-14 그리고 그러한 공성의 입장과 반대되는 자성을 주장하는 입장에 대해 "만약 그대가 갖가지 존재를 자성으로서 실재하는 것이라고 인정한다면, 그대는 존재를 인과 연이 없는 것이라고 보는 것이다24-16"라고 말하며, 자성론자의 입장이야말로 "결과와 원인, 행위주체와 수단과 작용, 생기와 소멸, 그리고 과보를 파괴한다24-17"라고 말한 뒤, 다음과 같이 말하고 있다.

> 연기한 것, 그것을 우리들은 공성이라고 말한다. 그것은 의존하여 시설된 것이며, 실로 그것이 중도이다.24-18

> 어떠한 법이라도 연기하지 않는 것은 존재하지 않는다. 그런 까닭에 실로 어떠한 법이라도 공이 아닌 것은 존재하지 않는다.24-19

이와 같이 《근본중송》에서의 공성이란 의미는 연기하여 존재하는 것을 달리 표현한 말이며, 그리고 연기하여 존재하는 모든 것은 공성의 존재라고 말하고 있다. 곧 공성이라는 말은 자성이 없다는 것을 말하는 것이지만, 이것은 연기하여 존재하는 사물을 달리 표현하는 말이기도 한 것이다. 이렇게 나가르주나는 《근본중송》에서 공성과 연기는 같은 의미를 갖는 두 가지 원리임을 밝히고 있지만, 이것이 구체적으로 어떻게 관련되는

가에 대해서는 명확히 밝히지 않았다. 이러한 공성과 연기의 관계를 보다 구체적으로 밝혀야 하는 것이 나가르주나 이후 중관학파들의 역할이었던 것은 물론이며 따라서 중관학파의 사상가들은 그러한 문제를 적극 해결하고자 하였다. 이러한 문제에 대해 보다 명확하게 해석하고 설명한 사람이 앞에서 살펴본 바비베카이며, 그리고 그의 사상적 영향을 직접적으로 받았던 샨타라크쉬타에 이르러서는 공과 연기의 관계는 이제설과 밀접한 관련을 가지며 논리식을 통해 드러나게 된 것이다.

그렇지만 후기중관파로서 샨타라크쉬타가 본격적으로 이제설을 논하는 것도 사실 샨타라크쉬타의 선배로서 등장하는 즈냐나가르바의 영향이 있었기 때문이라고 생각된다. 왜냐하면 즈냐나가르바는《이제분별론》이라는 저술을 남기고 있고, 이 즈냐나가르바의 저술에 대해 샨타라크쉬타가 주석서《이제분별론세소》를 지었고, 그러한 주석과 이해를 통해 성립된 이제의 개념을 바탕으로 샨타라크쉬타는 자신의 주저인《중관장엄론》을 지었던 것으로 생각되기 때문이다. 샨타라크쉬타의《중관장엄론》에 나타나는 이제설에 대해서는 앞에서 살펴보았지만, 이 이제설의 승의제와 세속제의 논리적인 고찰은 기본적으로 공과 연기의 개념에 의거하고 있는 것을 알 수 있다. 이 승의의 공성과 세속의 연기에 대한 관계를 좀 더 살펴보고자 한다.

샨타라크쉬타가《중관장엄론》제1게송을 통해 논증하고자 한 것은 기본적으로 제법의 무자성에 대한 논증이었다. 이 제법무자성의 개념은 존재하는 현상으로서 각각의 법들에는 고유한 자성이 없다고 하는 것으로, 이것은 나가르주나가 비판한 실체적인 자성론에 대한 부정과 동시에 불교의 입장으로서 공성론에 대한 논리적 증명을 구체적으로 시도하

지성불교의 철학

고자 하였던 것이다. 샨타라크쉬타는 이러한 논증을 통해 불교의 근본 가르침인 무상·무아·공성을 확증하려고 한 것이며, 그리고 여기에서의 무자성 고찰의 입장이 진실을 추구하는 입장 즉 승의의 입장인 것을 분명히 밝히고 있다. 곧 무자성으로서의 공성에 대한 확인은 '진실된 입장,' '승의의 입장'이 반영된 삶의 참된 모습을 추구한 것으로, 이러한 개념에 의거할 때 무자성공에 대한 추구는 승의공勝義空이라는 말로 표현 할 수 있다. 이에 반해 연기적인 삶이란 '의존하여 시설된' 존재란 의미에서 실체로서의 법이 아닌 다양한 가법假法의 세계라는 의미에서 가명假名, 가유假有라고 표현되어져, 그러한 가유의 세계로서 진실된 삶이라는 의미에서 세속의 존재는 세속유世俗有라고 표현된다. 이러한 승의공과 세속유의 개념을 둘러싸고 같은 대승불교 내의 중관학파와 유가행파 사이에서도 논란이 되었지만, 이러한 승의공·세속유의 입장은 기본적으로는 중관학파의 입장을 반영하고 있는 것이라 생각된다. 그렇지만 중기중관파인 바비베카에게서도 나타나듯 이 승의공이란 언설로 표현된 것을 지칭한 것으로, 보다 궁극적인 입장의 승의는 공·불공의 경계를 초월한 언표할 수 없는 경계로 남아있다. 그러한 언표를 떠난 경계로서 승의에 대해 샨타라크쉬타는《중관장엄론》에서 다음과 같이 말하고 있다.

> 승의제는 유·무, 생·불생, 공·불공 등의 일체 희론의 망이 단절된 것이다.남
> 수영 역,《적호의 중관장엄론》, 여래, 2007, p.129

곧 궁극적인 승의에서는 공이라는 말조차도 표현할 수 없는 것이라면, 그렇다면 앞서 승의공으로 언표된 승의란 어떠한 의미를 갖는 것인

가? 이것에 대해 샨타라크쉬타는 언어로 표현된 그러한 승의의 경계를 '승의에 수순하는 승의'라고 말하고 있어^{필자《샨타라크쉬타의 중관사상》p.278 참조,} 언어의 한계를 알면서도 달리 표현할 수 없어 사용하였다는 의미로 나타나고 있다. 따라서 승의공·세속유의 의미는 언어의 한계를 의식하면서도 드러낸 이제에 대한 개념으로서, 여기에는 무자성으로서의 공성과 연기적인 원리에 의거한 삶에 대한 이치가 포함되어 있는 것이다. 이러한 관계를 나타내면 [표2]와 같이 되리라 생각한다.

				[표2]
	언표 불가능한 영역(열반), 궁극적인 승의			
언표 가능한 영역	승의공, 논리식에 의한 무자성 논증, 승의에 수순하는 승의		중도	중도
	세속유, 연기의 세계, 가법·가명·가유의 세계			

지성불교의 철학

중도

    중도라는 말은 고타마 붓다의 가르침 가운데 가장 핵심적인 용어로서 양극단을 떠난다는 의미를 가지며 연기의 도리와 짝을 이루며 사용되었던 말이다. 불교라는 종교가 다른 종교와 가장 큰 차이를 드러내는 것도 이러한 중도의 가르침이 근본에 있기 때문이라 생각된다. 왜냐하면 일반적으로 하나의 종교를 창시한 교주는 자신의 종교체험에 대한 확신을 바탕으로 강한 자기주장을 드러내기 때문이다. 그렇지만 불교의 개조 고타마 붓다의 가르침에는 강한 자기주장보다는 냉철한 주의력과 강한 통찰력을 바탕으로 당시의 여러 견해에 대한 논리적인 비판과 사색의 철학적 모습이 나타난다. 그러한 사색과 명상의 철학적 입장을 보여주는 말이 중도와 연기라는 용어로 나타나는 것으로, 이 말은 이후 불교의 역사를 통하여 불교 가르침의 핵심적인 개념으로 간주되었던 것이다. 대승불교의 사상을 체계적으로 정립한 나가르주나도 《근본중송》에서 그와 같은 중도와 연기의 관계를 정립하여 앞 절에서도 보았듯이 연기 - 공성 - 가법 - 중도24-18의 관계를 명확히 언급하고 있다. 그렇지만 《근본중송》에서는 중도의 의미가 연기와 공성과 밀접히 관련되어 있는 것은 밝히고 있지만, 후대에 중요시되는 이제의 개념과는 어떠한 관계를 갖는지에 대해서는 구체적인 언급이 이루어지지 않았다. 이러한 이제와 중도의 관계는 이후 중관학파의 사상가들이 설명해야할 과제가 되었던 것으로, 이것에 대해 샨타라크쉬타도 앞서 보았듯 승의공과 세속유로서 이제의 개념을 이어받았던 것이다. 그렇다면 중도의 의미는 이제의 개념으로서 인간의 내면의 정신세계와 관련하여 승의공과 세속유의 관계에서 진리에 대한 탐구와 현실 삶에 대한 실천적 행위와 관련을 가지게 된다. 이러한 관련을 구체적으로 제시하고 있는 샨타라크쉬타에게서의 승의공과 세속유의 중도적 입장이 구체적으로 어떻게 나타나고 있는가를 살펴보기로 한다. 샨타라크쉬타에 의하면 승의공은 진실을 추구하는 입장으로서, 논리적인 분석 작업을 통해 무자성에 대한 논증을 분명히 하고자 하였다. 이 무자성에 대한 논증은 실체적인 개념들을 주장하는 견해들을 비판한 것으로, 이것은 달리 말하면 연기적인 사유의 입장에서 실체적인 개념을 비판한 것이다.

그렇지만 그러한 비판의 작업이 이루어지는 것은 보다 구체적으로는 우리의 인식론적 범위 속에서 이루어지는 것으로, 따라서 샨타라크쉬타도 기본적으로는 우리의 인식이 외계대상을 인식함에 있어 실체적인 개념 즉 자성을 인정하는 것에 대한 비판을 전개시켰던 것이다. 샨타라크쉬타는 먼저 그러한 실체의 개념을 실제 인간 외부에 있다고 간주되는 허공이나 외계대상물의 구체적인 존재 속에서 고찰하며 나아가 우리 인간의 내면세계에서 의식에 표상되는 형상으로서 인식대상을 인식주체인 지식과의 관계를 통하여 고찰하고 있다. 이러한 인식론적 고찰은 우리의 인식과정이 모두 정신적인 작용이라고 간주하는 유식사상의 입장을 비판적으로 고찰한 것으로, 곧 외계의 형상을 인식하는 인식의 관계를 인식대상·인식주체·인식작용이 모두 정신작용으로 간주하는 유식사상의 입장을

지성불교의 철학

비판적으로 검증하고 있는 것이다. 그러한 고찰의 결과 일체의 인식작용은 모두 유식 혹은 유심으로 귀결되지만 그 유심 그 자체도 무아라고 하여 궁극적으로는 무아 즉 무자성, 공으로 귀결시키고 있다. 여기에서 이러한 논리적인 고찰을 통해 전개되는 무자성, 공성에 대한 확인은 철저하게 인간의 정신적인 범위내의 작업이지만, 이러한 분석고찰의 과정은 언표가 가능한 경계이기도 한 것이다. 그렇지만 샨타라크쉬타는 그와 같이 유심도 무아라고 하는 정신적 단계로 나아가며 그리고 보다 더 깊은 언표를 초월한 경계를 궁극적인 승의의 경계로서 인정하였던 것이다. 이렇게 실제적으로 언어적인 표현이 가능한 범위로서 승의공, 승의무자성에 대한 논리적인 고찰을 시도하고, 나아가 그러한 논리적 고찰마저 초월한 승의의 경계를 인정하였던 것이다. 따라서 샨타라크쉬타에게 있어 언어표현이 가능한 승의와 세속의 경계는 기본적으로 연기적인 원칙에 의거한 정신세계이자 존재세계를 의미하는 것이라고 할 수 있다. 이와 같은 경계를 앞서의 도표와 같이 나타내면 [표3]과 같이 나타낼 수 있을 것이다.

[표3]

정신 내면의 세계		언표불가능의 경계, 열반 , 궁극적인 승의		중도
	언표 가능한 경계	승의에 수순하는 승의, 일체법 무자성 논증, 승의공성의 경계	중도	
외경의 세계		세속유, 연기의 세계, 가법·가명·가유의 세계		

이렇듯 승의공과 세속유의 관계에 대한 중도적인 이해는 따라서

언표불가능한 궁극적인 승의를 인정하는 한편 언설표현 가능한 입장에서 승의의 공성에 대한 철저한 자각과 세속의 연기적인 삶의 원리에 대한 조화로운 삶의 이해를 말하는 것이라 할 수 있다. 곧 우리의 정신세계나 삶의 구체적인 현실세계 일체가 연기의 원리에 의거함을 자각하고 느끼며 확인하고 실천해 가는 것이 중도의 의미로서 우리들이 실천하고 지녀야할 자세라고 생각되기 때문이다. 이러한 중도의 의미를 원칙으로 지니며 승의공성과 세속유와의 입장을 견지하고 실천에 임하였던 사람들이 대승불교의 보살들이 아닐까 생각된다.

그런 의미에서 대승보살의 삶과 실천을 구체적으로 설하는 《대승보살장정법경》大正藏 11卷, No.316의 제6권 〈보살관찰품〉에서 말하고 있는 승의제의 입장은 샨타라크쉬타의 입장과도 상통하는 것이라 생각된다. 〈보살관찰품〉에서는 다음과 같이 말하고 있다.

> 3계의 시설施設은 번뇌를 따라 구르는 것이요, 괴로움을 따라 구르는 것이기에 시설이 있는 것이나 일체는 다 나는 것이 아니다. 만일 여기서 여실히 관찰하면 조그만 법도 지은이가 없으며, 지은이가 없으면 곧 지어진 것도 없어서 승의제 가운데는 전혀 얻을 바가 없나니 이렇게 말하는 바 구를 법도 없고 구르는 것이 없는 것도 아니니라.大正藏 11卷, p.793下

이렇게 보다 깊은 정신적인 관찰에 의거한 승의제의 경계 내에서는 무엇을 만드는 자나 실체적인 개념이란 성립하지 않음을 철저히 자각하는 것이 대승보살의 입장으로 나타나고 있다. 곧 언표 가능한 범위 내에서 승의공으로 표현하는 것도 구체적으로 작자나 주체로서 실체 개념에 대한 철저한 비판을 바탕으로 하는 부단한 정신적 자각을 말하는 것으로, 이것도 연기적인 원리가 정신적인 삶을 부단히 가동시키고 있기에 가능한 것이라 할 수 있다. 곧 연기의 도리는 정신적인 영역은 물론 현실적인 삶의 영역에 모두 해당되는 중요한 삶의 원칙인 것이다. 그렇다면 연기적인 현실계에서 우리가 해야 하는 것은 무엇일까? 그것은 말할 것도 없이 자리이타의 삶을 살고자 하는 대승불교에서의 보살의 삶이라 생각된다.

제10장

지성불교와 대승보살

지성불교의 논리적 구조

지성불교란 이미 앞에서 밝혔듯이 종교로서의 불교의 성격에 인간의 판단능력과 밀접한 관련이 있는 지성적 요소가 온전하게 담겨있다는 의미에서 필자가 붙인 명칭이다. 이것은 다시 말해 불교의 개조인 고타마 붓다의 지성적 역량이 불교라는 종교 속에 온전하게 녹아있는 까닭에, 불교의 철학적 성격으로 명명命名하여도 크게 무방하리라는 의미에서 붙인 것이다. 특히 초기불교의 교리적 특성으로서 나타나는 중도의 논리에는 그와 같은 지성적 요소가 분명하게 드러나고 있음을 알 수 있다.

고타마 붓다는 당시 바라문교의 사상가들이나 육사외도와 같은 새로운 사문 그룹들에 의해 설파된 진리에 대해 눈을 감거나 귀를 닫지 않았고, 오히려 적극적으로 그러한 가르침에 대한 자신의 입장을 분명히 드러내고자 하였다. 곧 고타마 붓다 이전 거의 천여 년에 걸쳐 전개된 바라문교의 종교철학에 대해서는 물론 당시 새롭게 등장한 다양한 신흥종교가에 의해 설해진 진리를 자신의 교학에 근거해 논리적으로 설파하며 자신의 입장을 분명히 하였다.

그러한 입장을 드러내는 핵심적인 가르침이 중도와 연기의 가르침으로서, 고타마 붓다는 당시의 거의 모든 사상철학을 중도의 논리를 통

해 총체적으로 비판하며 자신의 입장으로서 연기의 입장을 온전히 드러
내었던 것이다. 연기의 입장이란 붓다가 깨달은 삶의 이치로서 연기의 법
칙에 근거해 일체의 삶을 설명하는 것으로, 중도의 논리로서 다른 여타의
사상을 비판하는 이면에는 연기의 원칙이 전제되어 있었던 것이다. 이렇
게 연기의 원칙에 근거해 중도로서 여타의 철학 사상을 논파한 것은 그러
한 불교 이외의 다른 철학 사상이 이 연기의 체계와 분명하게 대립되는 논
리적 구조를 갖고 있기 때문인 것이다. 이와 같은 불교의 연기적 입장과
여타의 철학 사상과의 상호 대비되는 논리적 구조의 명확한 모습은 대승
불교에 이르러 보다 분명하게 그 철학적 구조가 나타나게 된다.

　　대승불교는 성불의 이상을 목표로 전개된 새로운 불교운동이지
만, 그들에 의해 제작된 다수의 대승경전 속에는 이전의 부파불교에서 논
의된 다수의 철학 사상에 대한 비판적 검토가 담겨져 있다. 곧 대승불교운
동은 종교적인 의미로서 새로운 불타관에 근거해 다양한 제불보살諸佛菩
薩을 믿음의 대상으로 만들어 내지만, 철학적인 면에서는 고타마 붓다에
의해 주장된 중도와 연기의 교학체계를 세밀하게 전개시킨 철학운동이기
도 하였다. 특히 중도와 연기의 철학 체계의를 재삼 드러내었던 것은 부파
불교의 교학체계 가운데는 연기의 철학과는 다른 입장을 가지고 있는 부
파가 있었기 때문이다. 그러한 대승불교의 새로운 전개 속에 중도와 연기
의 교학체계를 논리적으로 정립시킨 사람이 나가르주나로서 그는 철학
사상 뿐만 아니라 종교적인 면을 포함해 대승불교 전체에 걸쳐 그 체계적
정립을 시도해 대승불교가 인도에서 불교의 대표적인 주자로서 그 역할
을 다하는데 절대적인 기여를 하였다. 그는 자신의 대표적인 저술인《근
본중송》에서 중도와 연기의 가르침을 대승불교 교학체계의 중심에 두며

그 사상적 체계를 전개시키고 있다.

그러한 중도와 연기의 개념을 전개시키는 데 있어 새로운 요소로서 이제의 개념을 명확히 제시한 것에 나가르주나의 사상적 특색은 나타나고 있다. 바꿔 말하면 나가르주나는 전통적인 중도와 연기의 논리에 승의제와 세속제의 이제의 개념을 부여하고 그것을 통해 공성의 개념을 보다 구체적으로 드러내고자 하였던 것이다. 비록《근본중송》에서는 승의제와 세속제의 개념에 대한 다양한 설명은 나타나지 않지만, 이 이제의 개념은 공성에 대한 성격을 드러내는 중요한 개념으로 후대에 갈수록 점차 중요한 개념으로 등장하게 된다. 이 공성의 개념을 보다 분명하게 나타내는 철학적 용어가 자성이 없다는 의미의 무자성이라는 말로서,《근본중송》에서는 공성과 동일한 의미로서 무자성이라는 말을 사용하고 있다.

자성이 없다는 의미로서 무자성의 의미가 공성을 지칭하는 것은《근본중송》전체에 걸쳐 중요한 의미를 갖고 있다. 그것은 자성의 의미로서 실체적인 개념을 주장하는 인도의 모든 사상에 대한 철학적 논파가 나가르주나에 의해 시도되고 있기 때문이다. 이미 본서의 제7장에서 보듯《근본중송》의 전체적인 내용은 실체 개념을 주장하는 인도의 모든 사상을 논리적으로 비판하는 것이었다. 이러한 비판이 가능한 것은 불교의 입장이 연기의 법칙에 근거한 사상적 입장으로서 실체의 철학과는 명확한 대비를 이루기 때문인 것이다. 곧 본질적으로 변하지 않는 존재를 인정하는 입장으로서 실체의 철학과 모든 것은 변한다는 연기의 철학 입장이 분명한 대비를 이루어 논리적으로 상호 논쟁을 전개하는 가운데 나가르주나는 총체적이고 전면적인 입장에서 실체 개념을 비판하였던 것이다.

그러한 논리적 비판에 사용된 대표적인 논리가 귀류법으로서, 이 귀류법은 후에 나가르주나의 사상적 입장을 계승하는 대표적인 입장인 귀류논증파로 이어진다. 그렇게 귀류법을 논리적 무기로 사용해 실체의 개념을 비판하는 불교의 입장은 무자성·공성의 입장으로서 정리되어 대승불교의 사상적 특색을 명확하게 보여준다. 이러한 입장에서 공성과 연기의 중도적 입장이 나타나며, 또한 그러한 중도적 입장은 이제설과 관련해 보다 세밀한 철학적 전개가 이루어지는 것이다.

이제설과 공·연기의 중도의 입장은 나가르주나 이후 모든 대승불교의 사상가들이 분명하게 설명해야 할 중요한 과제이었음에 틀림없다. 특히 나가르주나의《근본중송》을 주석한 중기중관파의 사상가들은 그러한 이제와 중도의 해석에 대해 서로 논쟁하며 각자의 입장을 전개시켰다고 생각된다. 그러한 논쟁의 전개 속에서 후대 인도의 불교가로서 나가르주나에 버금갈 정도로 불교적 위상을 세운 사람이 바로 후기중관파에 속하는 샨타라크쉬타이다. 샨타라크쉬타는 대승불교의 성립기에 실체의 개념을 비판한 나가르주나와 유사하게 후대 인도에서 힌두교가 체계적으로 성립, 전개될 무렵 불교의 입장에서 전인도의 사상체계를 총체적으로 비판한 것으로 유명하다. 그의《타트바상그라하》에서 보듯 전 인도사상의 핵심개념을 총체적으로 비판한 것은 후기 불교의 위대한 업적으로서, 이로 인해 그의 명성이 드높아진 것은 물론이다.

그렇지만 그의 사상적 입장이 보다 명확해진 것은 그의 주저《중관장엄론》을 통해서인 것으로, 이 저술에 의해 중도와 연기의 사상적 전통에 의거한 철학적 체계의 논리적 구조가 명확해졌다고 할 수 있다. 곧 공과 연기의 중도의 개념이 이제설과 관계를 갖는 것은 나가르주나의 사상을 잇는 중관파의 사상적 과제이었지만, 이《중관장엄론》에 이르러서 보다 분명한 형태로 이제와 중도의 관계가 명확해진 것이다. 곧 샨타라크쉬타는 공성에 대한 논리적 고찰은 승의제의 영역이며, 변화하는 실질적인 삶의 모습은 세속제의 영역인 것을 분명히 하고 그 위에 보다 세밀하게 승의제와 세속제의 의미를 고찰한다.

논리적 고찰로서 공성에 대한 논증의 과정은 무자성에 대한 증명으로 이어지고 있어, 그러한 논리적인 고찰로서 무자성·공성에 대한 증명은 우리 인간 내면의 정신세계에 대한 논리적인 설명을 동반하고 있는 것으로 따라서 승의공에 대한 논리적 증명은 내면의 정신세계에 대한 세밀한 분석으로 이어진다. 이러한 내면의 세계에 대해 논리적 설명이 언설을 통한 구체적인 표현으로 나타나고 있어 승의공의 경계란 구체적으로 우리 인간의 내면세계에 대한 깊은 이해를 보여주는 것임을 알 수 있다. 이에 반해 언설의 구체적인 표현이 이루어지는 세속적인 삶의 세계란 곧 연기의 법칙이 작용하는 세계로서, 이러한 세계는 인간의 내면은 물론 인간을 둘러싼 외부 세계의 의미를 가진다고 할 수 있다. 그와 같은 인간을 둘러싼 구체적인 세계는 실체의 개념에 의존하는 세계가 아니라 의존하여 존재하는 연기의 세계로서 세속유의 세계인 것이다.

이러한 승의공과 세속유에 대한 이해가 샨타라크쉬타에 의거한 중도의 세계에 대한 설명으로서, 따라서 그 중도의 입장은 인간의 내면세계와 외부세계에 대한 정신적인 조화를 전제로 나타나게 되는 것이다. 그렇지만 여기에서 주의해야할 점은 샨타라크쉬타는 승의공과 세속유의 언설의 세계를 인정하지만, 또한 언어표현이 불가능한 세계로서의 영역도 인정하고 있는 것이다. 곧 언설을 초월한 승의의 경계를 인정하며 아울러 언설로 표현되는 구체적인 세계로서 승의공과 세속유의 세계에 대한 조

지성불교와 대승보살

화로운 이해를 제시하고 있는 것이다. 초기불교 이래 중도와 연기의 교학적 이념은 대승불교에 이르러 승의공과 세속유의 중도적 이치로 정립되어 그 철학 체계의가 보다 분명하고 명확하게 정립되어진 것이다.

지성불교와 보살

　　지성불교의 핵심적인 개념으로서 중도와 연기의 원리는 대승불교에 이르러 나가르주나에 의해 이제의 개념과 관련하고 후에 승의공과 세속유의 중도로서 정리되었다. 이 이제와의 관계는 우리 인간의 삶과 밀접한 관련을 갖는 것으로, 곧 승의의 경계로서 공성의 확인은 우리 인간의 내면적 정신적 고찰의 단계와 밀접한 관련을 갖는다. 다시 말해 샨타라크쉬타의《중관장엄론》에 나타나듯 우리 인식의 내면적 고찰의 전개 과정으로 의식상의 무아를 논증하는 보다 깊은 의식의 관찰로 나아가는 것이다. 이러한 고찰의 과정은 외경과 의식, 표상과 의식, 통일된 의식, 그리고 의식을 떠난 무분별의 경계로 나아가게 된다. 이와 같은 깊은 정신세계로서 승의의 경계가 내면의 무아를 증명하는 방식으로 이것이 대승불교의 교학에서 강조하는 인무아人無我의 가르침에 대한 확인으로 나타나는 것이다.

　　그리고 내면에 대한 관찰과 동일하게 외계대상에 관한 관찰은 외경의 존재요소에 대한 관찰로 나타나 그러한 존재요소는 무자성이며 공이라는 법무아法無我의 교학으로 정리되는 것이다. 이렇게 인무아와 법무아의 가르침으로 정리되는 무아설의 전개는 기본적으로 연기의 원칙에 근거하는 것으로, 일체 존재하는 것이 서로 변화하는 삶속에 상호관계의 원칙에 입각해 있다는 입장에 기인한다. 이러한 승의의 공성과 세속의 연기의 원칙에 근거한 관찰의 기본 입장은 대승의 교학의 기본적인 체계임을 나가르쿠나는 잘 보여주지만, 그러한 입장은 대승의 보살이 지니는 기본적인 자세인 것도 경전은 또한 잘 보여주고 있다.

대승불교 보살의 삶을 잘 드러내 보이는 《대승보살장정법경大乘菩薩藏正法經》大正藏 11卷, No.316 제6의 〈보살관찰품菩薩觀察品〉에 의하면 보살은 기본적으로 '깊고 견고한 대보리심을 일으키는 자[發起深固大菩提心]'라고 말한 뒤, 보살이 일으키는 다양한 관찰을 제시하고 있다. 그러한 관찰가운데 보살은 12연기지의 각각의 법이 생겨나는 것과 소멸하는 것을 관찰한 뒤 다음과 같이 말하고 있다.

그러나 이 가운데 조그만 법도 나거나 멸하는 실로 얻을 것이 없나니, 왜 냐하면 일체의 법은 인연으로 생기는 것으로서 주재가 없고 짓는 이도 받 는 이도 없기 때문이다.大正藏 11卷, p.793下

여기에서는 12연기의 법에 대한 관찰 가운데 각각의 법을 일으키는 구체적인 현상은 인연에 의한 것 즉 연기에 의한 것으로서 그 현상 각각에는 실체적인 주재자나 받는 자, 주는 자의 실체가 없다고 하는 것이다. 여기에서 주재자나 받는 자, 주는 자란 실체적인 개념으로서 변치 않는 존재를 말하는 것으로, 이것은 연기의 입장과 배치되는 개념임은 말할 것도 없다. 따라서 그와 같은 실체적인 존재는 없지만, 그렇더라도 우리의 현상은 각각의 번뇌로 생겨난 삶속에 있는 것을 보살은 정확하게 관찰하고 그 의미를 잘 알아야하는 것을 다음과 같이 말하고 있다.

> 삼계의 시설은 번뇌를 따라 구르는 것이요, 괴로움을 따라 구르는 것이기 때문에 시설이 있는 것이나, 일체는 다 나는 것이 아니다. 만일 여기서 여실히 관찰하면 조그마한 법도 지은이가 없으며, 지은 이가 없으면 곧 지어진 것도 없어서 승의제 가운데는 전연 얻을 바가 없나니 이렇게 말하는 바 구를 법도 없고 구르는 것이 없는 것도 아니다.^{상동}

이는 대승의 보살이 궁극의 승의의 경계에서 살펴보면 일체의 존재하는 요소에는 그러한 각각의 현상적 요소를 구체적으로 짓는 주체나 또 그에 의해 지어진 것은 없다는 의미이다. 이것은 당연히 본질적이며 궁극적인 실체는 없다는 의미이다. 이렇게 승의적인 입장에서 실체적인 개념이 존재하지 않는 것에 대해 보살은 우리 삶을 구성하는 존재일반의 모든 현상적 요소에 대해서도 그것이 본질적인 실체적인 요소를 가지지 않고 있는 것을 분명히 보아야 한다고 말하고 있다. 〈보살관찰품〉은 다음과 같이 말한다.

> 보살은 이런 매우 깊은 법을 듣고는 믿고 이해하여 의심하지 않으며 일체법의 걸림이 없는 지혜의 문에 들어가느니라. 그러므로 색·수·상·행·식에 집착하지 않고, 안·이·비·설·신·의와 색·성·향·미·촉·법에 집착하지 않으며, 안계·색계·안식계 내지 의계·법계·의식계에 집착하지 않는다. 그리하여 일체법의 제성품은 다 공[一切法自性皆空]이라고 믿고 이해하느니라.^{앞의 책,} pp.793下-794上

　　　　　　　　　　　　　　　　　　　지성불교와 대승보살

여기에서 나타나는 보살의 관찰법은 기본적으로 《반야심경》에서 제시되고 있는 제법의 의미와 동일한 것으로, 그러한 제법을 자성이 공한 것으로 보아야 함을 강조하고 있는 것이다. 이렇게 제법의 자성이 공하다는 입장은 필자가 주장한 본서 제6장의 내용과도 상통하는 것으로, 이것은 대승불교의 법무아의 내용을 구체적으로 드러낸 것이라고 말할 수 있다. 이와 같이 제법의 자성이 공하다는 입장은 대승불교의 보살이 관찰하는 기본적인 태도로서, 그와 같이 관찰하는 보살에게는 공덕이 생긴다고 〈보살관찰품〉은 다음과 같이 말하고 있다.

> 사리자여! 보살이 만일 이런 믿음과 이해에 머무르면 언제나 부처님을 뵙게 될 것이요 언제나 바른 법을 듣게 될 것이며, 언제나 대중에게 봉사하게 될 것이다. 그리하여 언제 어디서나 부처님을 떠나지 않고 법을 떠나지 않으며, 청정한 대중을 떠나지 않을 것이다. 현재에서 세상에 나오시는 부처님을 만나고 언제 어디서나 정진하여 선법善法을 부지런히 구할 것이다.앞의 책, p.794上

이렇게 제법의 무아와 공성을 잘 관찰하는 보살은 불법승의 삼보에 대한 청정한 믿음과 이해를 가지고 부지런히 선법을 구한다고 말하고 있다. 그리고 선법을 구하는 보살의 자세와 마음가짐 등에 대해서도 상세하게 설명하고 있는데 그것을 보면 다음과 같다.

> 선법을 들으면 진실히 수행하되 문자로 이루어진 훌륭한 이해에 집착하지 않고 원만한 깊은 마음으로 법을 즐겨 싫어하지 않는다. 많이 듣기를

부지런히 구하여 법을 들은 그대로 남을 위해 두루 설명하되 애착하는 마음이 없고 명문과 이양을 바라지 않는다. 남을 위해 설법하되 제 말을 등지지 않고 남을 위해 설법하되 들은 그대로 한다. 들은 그대로 하되 그 근기를 따라 남을 위해 널리 설법한다. 만일 법을 들으면 큰 자비심을 일으켜 일체중생에 대한 대비심을 넘지 않는다. 많이 듣기를 위해서는 신명을 아끼지 않고 욕심이 적고 만족하기를 기뻐하고 고요한 곳을 좋아하며 번잡한 곳을 떠나 심신을 잘 기르며, 법을 들으면 그 뜻을 잘 관찰하고 바른 이치를 포섭하여 문자에 집착하지 않는다. 그 포섭함을 따라 일체 세간과 천인과 아수라 무리 가운데서 제게 이로운 일만을 행하지 않는다. 다만 최상의 대승을 구하기 위해 일체 중생을 이롭고 즐겁게 하나니 이른바 부처님 지혜와 짝할 것이 없는 지혜와 일체 삼계에서 가장 훌륭한 지혜로서 남의 하는 일에 방일하지 않느니라.^{상동}

이렇게 선법을 구하는 보살은 진실 되게 법을 구하는 자세와 중생을 아끼는 대비심을 가져야 함을 설하며 부처님의 지혜의 경계를 얻고자 노력하며 게으르지 않고 노력한다고 말하고 있다. 이렇게 승의공과 세속유의 근본적인 이치에 충실한 대승불교의 보살은 올바른 선법을 부지런히 구하며 또한 선법을 몸에 체득하여 자비심을 가지고 타인에게 설법하며 올바른 길로 인도한다고 말하고 있다.

이와 같이 승의공성과 세속연기의 중도의 가르침을 그 근간으로 하는 지성불교의 입장은 대승불교 보살의 정신적인 삶에 구체적으로 반영되어 있는 것을 확인할 수가 있다. 아울러 대승의 보살은 보다 구체적으로 현상의 존재에 대해 명확한 분별력과 자기확신을 가지고 있는 것도 확

지성불교와 대승보살

인 할 수 있다. 다음절에서 그것을 보기로 한다.

대승보살의 지성

　대승불교의 보살은 초기불교 이래 고타마 붓다의 지성적 특징을 보여주는 중도와 연기의 개념에 대하여 철저한 이해를 하고 있었다. 나가르주나를 비롯한 대승불교의 사상가들에 의해 정립된 이제의 개념과 관련된 공과 연기의 중도의 체계도 실제적으로 대승불교도의 사유의 큰 특징을 보여주는 것이라고 말할 수 있다. 즉 승의공과 세속유의 입장은 실제 불교의 교리적 특징뿐만 아니라 대승보살의 사유의 기본체계를 보여주는 것이라고 말할 수 있다.

　특히 승의공의 개념은 불교의 특징을 잘 보여주는 것으로, 우리 삶의 궁극적인 특징을 실체가 없다는 입장의 경계를 반영하고 있다. 이것은 삶의 궁극을 자재신이나 자성과 같은 실체의 존재로서 설명하는 여타의 학파와는 다른 입장을 나타내는 것이다. 불교가 이렇게 공·무자성 등으로 삶을 설명하는 것은 우리의 존재하는 일체의 현상이 변화하고 움직이는 연기의 세계이기 때문인 것이다. 곧 모든 존재는 단독으로 혼자서 생겨날 수 없는 것으로 서로 관련되어 도움을 주고받는 존재라는 의미이다. 이렇게 변화 생성하는 세계를 불교는 연기라는 말로 표현하며, 이러한 입장을 대승보살 역시 기본적인 관찰법으로 인정하고 있다.

이 연기적인 삶이란 기본적으로 변화와 차이, 생성과 소멸의 과정을 지니는 삶의 세계를 의미하지만, 그러나 실제 어떠한 현상도 모두가 동일하게 생성과 소멸의 과정을 밟는 것은 아니다. 다시 말해 산은 산대로, 강은 강대로, 나무는 나무대로, 풀은 풀대로, 인간은 인간대로 각각의 환경과 그 특징에 따라 각자 독특한 생성과 소멸을 하고 있는 것이다. 곧 인간이라 하더라도 각각의 인간이 처한 환경이나 여건을 배제하고 연기를 일반화 할 수 없고 또 세대나 계층에 따라 각기 다른 연기적인 문화를 드러낸다. 이러한 문화적인 다양성과 총체성 속에 우리 인간은 삶을 영위하는 가운데 끊임없이 판단과 결정을 하는 상황을 맞는다. 의식주의 기본적인 삶의 영위를 위해서는 물론 입학과 취업 등과 같은 사회적인 삶의 영위에서도 우리의 삶은 계속적인 판단과 결정이 요구되고 있는 것이다. 이러한 삶의 속성을 이해하는 입장에서는 우리들이 행하는 모든 행위는 그러한 판단과 결정을 보다 쉽게 하기 위한 행위라고 말할 수 있다.

고타마 붓다의 지성에 근거한 불교의 교리적 특징이 대승보살에 이르러서도 이제중도의 입장으로서 그 지성의 내용은 구체화 되었지만, 나아가 대승보살 또한 보다 구체적으로 우리 삶 속에서 옳고 그른 종교적인 입장에 대한 정확한 자기 판단을 보여주고 있다. 앞에서 본《대승보살장정법경》의 〈보살관찰품〉에서는 보살이 구체적으로 명확히 알아야 할 대상에 대한 옳고 그름을 분명히 해야 한다고 말하고 있다. 곧 선법善法을 구하는 방일하지 않는 보살에 대해 다음과 같이 말하고 있다.

또 사리자여, 방일하지 않음에 있어서 보살은 깊고 굳게 마음먹고 부지런히 알맞음을 행한다. 그리하여 그 법이 유이면 유임을 여실히 알고, 그 법이 무이면 무임을 여실히 아느니라. 어떤 것이 유이며, 어떤 것이 무인가? 이른바 바른 도를 부지런히 행하여 능히 믿고 이해하는 것은 유이며, 사된 도를 부지런히 행하여 능히 믿고 이해하는 것은 무이다.앞의 책, p.794中

곧 여기에서 보듯이 대승보살은 올바른 행위나 믿음을 유로서 분명히 알고, 그릇된 행위나 믿음은 무라고 분명히 아는 존재라고 말하고 있다. 이렇게 옳고 그름을 판단하는 행위능력은 당연 대승보살의 지성과 관련되는 것으로, 이러한 지성에 근거한 정확한 태도나 행위는 대승보살의 기본적인 자세라고도 말할 수 있을 것이다. 이 〈보살관찰품〉에서 열거하는 옳고 그름의 구체적인 행위와 앎을 정리해 보면 다음과 같다.앞의 책 p.794 中 下

유[올바른 행위]

1. 바른 도를 부지런히 행하여 능히 믿고 이해하는 일[正道勤行能生信解 即有]

2. 모든 업에는 과보가 있다는 것[諸業有報即有]

3. 안[의 법으로] 이해하는 것[眼即是有]

4. 이비설신의[의 법]을 이해하는 것[耳鼻舌身意即是有]

5. 색은 무상이요, 고며, 구경아니며, 견고하지 않으며, 무너지는 법이라는 것[色是無常是苦 是不究竟 是不堅牢 是散壞法即有]

6. 수상행식은 무상이며, 고며, 구경이 아니며, 견고하지 않으며, 무너지는 법이라는 것[受想行識 是無常是苦 是不究竟 是不堅牢 是散壞法即有]

7. 또 무명이 행등의 제법을 연함에 있어 진실되지 않은 무명이 행을

연하며 내지 생은 노사를 연한다는 것[復次無明緣行等諸法中 不實無明緣
行 乃至生緣老死即有]

8. 보시를 행하는 자는 능히 큰 부자가 된다는 것[行布施者能感大富即有]

9. 계율을 지키는 자는 하늘에 난다는 것[持戒生天即有]

10. 많이 들은 자가 지혜가 많다는 것[多聞大慧即有]

11. 닦고 익힘이 상응한다는 것[修習相應即有]

12. 깊고 굳게 마음먹어 상응하는 것[深固作意相應即有]

13. 정진하는 보살이 보리의 과를 얻는다는 것[發勤精進菩薩得菩提果即
有]

14. 증상만이 없는 자가 출가한다는 것[無增上慢人作出家事即有]

15. 어디에서든 공성에 통달하는 일[於一切處通達空性即有]

무[해서는 안되는 행위]

1. 사뙨 도를 부지런히 행하여 능히 믿고 이해하는 일[邪道勤行能生信解
即無]

2. 모든 업에는 과보가 없다는 것[諸業無報即無]

3. 그 안[의 법]을 실성으로 이해하는 것[彼眼實性即無]

4. 이비설신의[의 법]을 실성으로 이해하는 것[耳鼻舌身意實性即無]

5. 색은 항상하며, 즐거움이며, 구경인 것이며, 견고하며, 무너지지 않
는 법이라는 것[計色是常是樂 是究竟是堅牢 是不散壞法即無]

6. 수상행식은 항상하며, 즐거움이며, 구경인 것이며, 견고하며, 무너지
지 않는 법이라는 것[計受想行識 是常是樂 是究竟是堅牢 是不散壞法即無]

7. [무명이 행등의 제법을 연함에 있어] 진실한 무명이 행을 연하고 내

지 생이 노사를 연한다는 것[定實無明緣行 乃至生緣老死即無]

8. 보시를 행하는 자는 도리어 가난해진다는 것[行布施者返招貧匱即無]

9. 계율을 깨뜨리는 자는 하늘에 난다는 것[破戒生天即無]

10. 우치한 자가 지혜가 많다는 것[愚癡大慧即無]

11. 닦고 익힘이 상응하지 않는다는 것[修習不相應即無]

12. 깊고 굳지 않은 마음가짐이 상응한다는 것[不深固作意相應即無]

13. 게으른 보살이 보리의 과를 얻는다는 것[懈怠菩薩得菩提果即無]

14. 증상만인 자가 열반을 얻는다는 것[增上慢人證涅槃即無]

15. 아인중생수자상에 집착하는 일[計執我人衆生壽者即無]

이와 같이 대승의 보살은 삶 속의 구체적인 일에 대해 옳고 그름을 명확히 알아야 하는 존재인 것이다. 이러한 구체적인 현상의 옳고 그름을 알아야 진실된 부처님의 뜻도 아는 자로서 인정받는다고 다음과 같이 말하고 있다.

다시 사리자여 그러므로 알아야 한다. 방일하지 않는 보살은 깊고 견고한 마음을 먹고 부지런히 행하여 상응한다. 즉 세간을 두루하여 지혜로운 사람이 있으면 그를 위해 열어 보이고 세간을 두루하여 지혜로운 사람이 없으면 열어보이지 않는다. 세속의 진리에 있어서 그 유도 알지 못하고 그 무도 알지 못하는데 어찌 능히 부처님이 말씀하시는 진실의 뜻을 알 수 있겠는가?앞의 책, p.794 下

대승의 보살은 지혜로운 사람과 함께하는 존재로서 현실적인 삶

지성불교와 대승보살

의 옳고 그름을 분명하게 아는 자라고 하는 것을 분명히 알 수 있다. 여기에서도 대승보살은 고타마 붓다가 강조한 옳고 그름에 대한 분명한 판단력과 이해를 가지는 자로서, 곧 그는 중도와 연기의 이념을 구체적인 현실에서 행하고 실천하는 원만한 인격자로서 모범을 보이는 자인 것이다.

지성불교의 현대적 의미

　　불교의 개조 고타마 붓다의 지성적 특색을 보여주는 중도와 연기의 이념은 대승불교도에 의해 받아들여져 보다 세밀한 철학적 체계를 갖기에 이른다. 그것이 이제설에 근거한 승의공과 세속유의 중도의 철학으로, 달리 표현하면 공성과 연기의 철학 체계의라고도 할 수 있다. 그리고 이러한 공성과 연기의 철학은 후대 샨타라크쉬타에게 나타나듯 승의제에 도달하려는 입장으로서 무자성의 논증이 이루어지고 아울러 세속제의 건립으로서 연기 개념의 확립이 나타나고 있다.

　　특히 공성에 대한 논증이 무자성의 증명으로 전개됨에 있어 나가르주나와 샨타라크쉬타에게서 보듯 당시 인도의 다양한 학파들의 견해가 비판되고 있음을 볼 수 있다. 이것은 연기적인 불교의 입장과 대립되는 실체적인 입장의 견해들에 대한 비판으로서, 이러한 비판을 통해 불교적 가르침의 정당성을 드러내고자 하였던 것이다. 이러한 비판적인 작업들도 초기불교이래 양극단을 떠나는 중도의 이념에 근거한 것은 물론이지만, 중도의 정확한 이해를 위해 양극단에 해당되는 견해로서 당시 인도의 다양한 철학 사상들을 철저하게 이해하고 있었던 것을 반증한다.

　　곧 인도에서의 대승불교의 전개는 고타마 붓다의 지성적 특색을 드러내는 중도와 연기의 개념에 대한 철학적 토대를 구축하는 일련의 과정이었다고도 말할 수 있다. 그리고 그러한 철학적 이해를 대승불교의 보살들은 항상 마음에 새기며 삶과 생활 속에서 구체적으로 실천 적용하고자 하였던 것이다.

　　필자는 이상과 같이 중도와 연기의 개념이 대승불교의 철학으로 정립되고 그러한 철학에 의거해 대승보살의 실천이 이루어지고 있는 모습을 인도의 불교역사 속에서 살펴보았다. 그렇다면 그와 같이 인도의 대승불교 보살들의 실천적 삶의 원리로서 작용되고 있는 중도와 연기의 철학이 오늘날의 사회에서도 실행 가능한 것일까? 필자는 당연히 가능하며 아니 오히려 필자가 서술해온 지성불교의 철학적 이념이 오늘날 더욱 필요로 되는 것이 우리의 현실이 아닌가 생각된다.

　　필자는 중도와 연기의 철학 즉 지성불교의 철학이 오늘날의 불교 이해에도 절대 필요하다고 생각한다. 필자가 느끼기에 현재의 한국사회에서 불교는 전통적이며 문화적인 의미에서 종교로서 존중되고 받들어지며 그와 더불어 깊은 신앙과 종교성을 전제로 불교에 대한 접근이 이루어지고 있다고 생각된다. 이것은 달리 말하면 신앙과 종교를 갖지 않는다면 불교에 대한 접근이 용이하지 않다는 뜻이 되며, 더욱이 불교가 전통종교로서 출가승단의 명확한 위상을 가지고 있기에 일반의 사회인이나 재가자에게는 접근이 더욱 쉽지 않은 면이 있다. 그렇지만 그럼에도 불구하고 사회 속에 살아가는 재가의 불교도는 물론 일반 사회인 역시 불교에 대한 관심과 열정은 실상 매우 높다고 생각한다. 그것은 특히 오늘날 성행하는 불교적인 수행과 실천, 보다 구체적으로는 명상 등을 통한 내적수련 등의 구체적인 방법이 실제 불교의 실천법으로서 새로운 각광을 받고 있고 그것에 크게 영향을 받은 사람들이 많다고 생각하기 때문이다. 이러한 실천과 수행은 여타의 종교전통과 명확하게 구분되는 면을 가지고 있으며, 더욱이 불교의 성격이 여타의 종교와는 전혀 다른 구조를 갖는 것을 보여주고 있다. 따라서 필자는 오늘날 불교에 대한 관심과 이해가 그 어느 때보다도 높다고 생각하며, 그런 시대적인 상황에서 보다 명확하게 불교에 대한 사상적 철학적 이해에 지침을 줄 수 있다는 의미에서 지성불교의 의미를 드러내고자 하였던 것이다.

　　지성불교란 필자의 입장에서는 고타마 붓다의 정신세계에 대한 존중이자 대승불교의 보살승가에 공경 그리고 대승불교의 중관철학에 대한 깊은 공감이라고 말할 수 있다. 이것은 다시 말하면 대승불교의 보살의 정신과 그 실천적 자세가 지성불교가 모범으로서 배워야할 인간상이라는 의미를 담고 있는 것이다. 그리고 물론 이것은 거듭 반복되는 말이지만 중도와 연기의 개념이 불교의 핵심적 교의로서 대승불교의 보살 역시 그러한 교의에 근거하여 수행, 실천하였다는 확신을 바탕으로 하고 있는 것이다.

　　따라서 중도와 연기의 개념에는 인간의 판단능력을 전제로 하는 지성의 의미가 담겨있어 특히 대승불교의 보살은 옳고 그름을 판단하는 인간의 지성적 판단을 존중하고 실천하였다는 의미를 갖고 있다. 그렇기에 오늘날 우리 인간의 삶에서도 대승보살이 가지는 지성적 자세로서 판단력이 요구되고 있다고 생각한다. 하지만 오늘날 우리 사회에서는 나의 판단, 너의 판단, 우리들의 판단, 또 달리 말하면 개인의 판단, 집단의 판단, 사회의 판단, 어디에서나 판단은 필요하고 요구되지만, 대승의 보살과 같은 올바른 판단은 항상 이루어지고 있다고는 할 수 없다. 그렇지만 비록 개인이나 집단의 중요하고 필요한 판단이 항상 올바르게 이루어지고 있다고 할 수는 없더라도 대승 보살의 정도正道를 위한 실천의 계기로서 중도와 연기의 이치에 의거한 올바른 판단은 우리들에게 절대 필요로 되는 것은 물론이다.

　　그렇기에 필자가 주장하는 지성불교의 입장에서도 대승불교의 보살이 보여주는 지성에 근거한 명철한 판단력을 오늘날에도 구현하길 바라는 마음이다. 그것은 불교의 목적이 진정 인간의 내면 정신세계에 대한 존중을 바탕으로 성립된 종교의 이념에 부응해 냉철한 판단에 근거해 행복한 인간의 삶을 영위해 가는 것이라는 확신에 의거하기 때문이다. 그러한 인간에 대한 존중을 바탕으로 인간으로서 가장 합리적으로 살아가는 삶의 자세와 지침을 전해주는 불교 이해의 한 방식이 지성불교이며, 이러한 성격을 대승불교의 보살들은 역사적인 삶의 현장에서 항상 구현하였다고 생각한다. 따라서 필자는 대승보살의 정신세계와 실천적 능력은 오늘날 재삼 배워야함은 물론 지성불교의 구체적인 모습으로 존중해야할 중요한 모범이라 생각하는 것이다.

지성불교의 철학!

　필자가 본서에서 밝힌 바와 같이 지성불교의 철학이란 중도와 연기의 개념을 승의제와 세속제의 이제설을 통해 인간의 정신적 활동을 보다 구체적으로 규명하는 철학적 작업이라 말할 수 있다. 곧 인간의 사유의 궁극적인 입장을 승의의 공성을 규명하는 과정으로 이해하고 언설을 통한 정신작용과 그것에 의거한 활동은 세속 연기의 입장으로 설명하고 이해하고자 한 것이다. 그리고 그러한 지성불교의 구체적인 구현은 불교의 역사 속에서 대승보살의 활동으로 보다 생생하게 드러나고 있음을 밝힌 것이다.

　이러한 대승보살의 구체적인 활동의 모습은 실제 오늘날 불교를 이해하는 현대의 불교도들에게도 하나의 귀감이 되리라 생각한다. 중도와 연기의 진리에 대한 철저한 확신에 근거한 실천적인 삶의 윤리는 오늘날 불교도들이 본받아야할 중요한 윤리적인 근거가 되리라 생각하기 때문이다. 더욱이 불교가 인간의 삶의 윤리적인 토대를 제공하는 입장에서는 끊임없는 진리에 대한 성찰과 그것에 근거한 실천적인 삶의 자세가 요구되는 상황에서는 지성불교의 철학은 오늘날 불교도의 철학적 자세와 관련해 중요한 기준을 제시할 수 있으리라 생각한다.

그렇지만 여기에서 한 가지 오해는 피하고 싶다. 곧 불교를 이해하는 방식에 지성불교적 자기성찰과 실천은 중요한 의미를 갖는 것이지만, 종교의 중요한 요소로서 믿음에 근거한 자기실천도 그 의미를 경시할 수는 없을 것 같다. 이러한 믿음에 근거한 종교적 의미를 지성불교의 용어와 대비해서는 감성불교라고도 표현할 수 있을 듯하지만, 실제 종교적 의미를 갖는 믿음으로서 신앙적 요소는 불교에서도 중요한 의미를 갖는 것이다.

그와 같이 불교의 성격을 철학적인 의미에서의 지성불교적 경향과 믿음과 신앙적 의미에서의 감성불교적 경향으로 나눌 수 있다면 필자는 동아시아에서 전개된 불교의 종파적 전통과 관련하여 수행불교라는 의미도 하나 추가시키고 싶다. 즉 불교에서 강조하는 궁극적인 깨달음에 이르고자 하는 방법에 근거한 다양한 수행실천 체계가 동아시아에서는 중요한 의미를 가지고 있는 것으로 그 대표적인 것이 선종, 염불종, 진언종 등 수행의 구체적인 방법에 의거한 종교적 의미를 띄는 것이다. 이러한 수행불교의 입장도 실제 불교의 성격을 반영하는 의미에서는 중요한 의미를 가지는 까닭에 하나의 관점에서 불교의 성격으로 규명할 수 있지 않을까 생각한다.

이렇게 불교의 성격을 다양하게 이해할 수 있는 입장을 기본적으로 수용하는 입장에서 지성불교를 보다 구체적으로 제시한 것은, 불교의 원점으로서 중도와 연기의 철학적 사유와 실천적 입장이 대승불교를 통하여 지성불교의 중요한 역사적 모습이 드러났다고 생각되기 때문이다. 따라서 이러한 대승보살의 실천과 그 철학적 입장은 오늘날 시대의 중요한 사상적 의미를 갖기 위한 근거로서 지성불교적 관점의 토대로 간주해도 무방할 것이라 생각한다.

필자가 이렇게 지성불교의 중요성에 염두를 두고 본고를 작성함에 있어 불교의 성격을 지성적 요소와 감성적 요소로 구분하여 설명한 사례가 있어 소개해 두고 싶다. 근대 일본의 불교학자로 불교의 철학적 우수성을 드러내고자 노력하고 또 실천적 불교운동에 앞장선 이노우에 엔료井上圓了, 1858-1919는 자신의 저술《불교활론서론》의 제3장 〈불교와 진리〉에서 불교의 성격 가운데 자력적 성격을 지칭하는 성도문聖道門과 타력적 성격을 지칭하는 정토문淨土門의 양쪽이 불교에 존재한다고 하며 다음과 같이 말하고 있다.

> 본래 인간이란 정감情感과 지력知力이라는 두가지 마음의 작용을 갖는 존재이며, 종교도 이 2종류를 가지고 있다. 기독교는 정감의 종교이며, 이슬람교도 동일하다. 단 불교에 대해 말하면 대체로 지력의 종교라고 말하며 그 중에서도 성도문은 철학의 원리에 의해 구축된 종교이다. 세상에서 불교를 평하여 "일종의 철학이다."라고 하는 것은 불교가 정감의 종교가 아니라 철학상의 종교이기 때문인 것은 분명하다. 하지만 성도문 외에 정토문이 있는 것은 불교는 지력의 종교 외에 정감의 종교를 포함하고 있기 때문이다. 그런 까닭에 나는 "지력과 정감이 모두 완전한 종교이다."라고 말하고 싶다. 곧 지력을 부드럽게 하는 데에는 정감을 사용하고 정감을 인도하는 데에는 지력을 사용한다. 이와 같이 지력과 정감이 서로 도와 양자를 완전케 하는 것 이것이 내가 말하는 불교라는 것이다.井上圓了 著, 佐藤厚譯,《佛敎活論序論》, 大東出版社, 2012 pp.71-72

이노우에 엔료는 이렇게 인간이 지니는 지력과 정감을 완전케 하는 종교라는 의미로 불교의 성격을 논하고 있는 것으로, 여기에서의 지력과 정감은 필자가 말하는 지성과 감성의 의미로 이해해도 좋지 않을까 생각한다. 물론 필자가 지성불교의 철학을 논하는 과정에서는 이노우에의 견해를 거의 알지 못했지만, 이노우에가 지력의 종교로서 말한 불교의 성격을 이렇게 지성의 입장에서 논의할 수 있는 근거로서 받아들여도 무방하지 않을까 생각한다.

그렇다면 다시 본래의 의미로 돌아와 왜 지금 지성불교의 입장을 논해야하는가에 대해 재삼 생각을 밝히고 싶다. 필자가 이해하는 입장에서 오늘날 불교는 우리사회에서 그 철학적 의미가 거의 퇴색해 있는 게 아닌가 생각된다. 다시 말해 전통종교나 종교문화로서는 존재한다하더라도 우리 인간의 삶에 뚜렷한 윤리적 이념이나 도덕적 실천의 자극을 주는 철학적 메시지가 거의 사라져 있는게 아닌가 하는 우려를 갖기 때문이다. 물론 여기에는 불교라는 종교적 틀이 제약으로서 사람들의 관점을 제한하고 있다고 하더라도, 불교의 궁극적인 지향점이 인간의 도덕적 완성이라는 보편적인 윤리의 입장을 전제하는 한 불교의 사상적 지향점 역시 보편적인 가치에서 지향 가능한 철학 체계의를 보여줄 의무가 있다고 생각한다.

그러한 불교의 체계 중 필자가 제시하는 지성불교의 철학이 불교 본래의 목표에 지향 가능하고 도달 가능한 원점이자 도달점이 되는 하나의 계기가 될 수 있다면 다행이라 생각한다. 아울러 지성불교가 불교의 사상적 가치를 조금이라도 확인할 수 있는 하나의 전기轉機가 된다면 그 또한 무엇보다도 다행이라 생각한다.

지성불교!

　　필자가 늘 가슴속에 새기며 새롭게 그 이념을 체계화 하고 정리하고자 했던 불교의 중심적 의미를 담은 용어. 이 지성불교가 대승불교의 철학을 통해 그 철학적 체계를 가지게 되었고, 그러한 철학적 체계를 대승의 보살은 마음속에 새기며 실천에 임했다고 하는 것. 이러한 대승보살의 정신적 자세와 실천적 노력이 지성불교의 철학이라는 새로운 이해로서 오늘날 현대의 불교도에게도 이해되고 실천될 수 있기를 기원한다.